Die Habsburger. Eine europäische Dynastie

Aus dem Italienischen von
Franziska Kristen

Lektorat der dt. Ausgabe
Andreas Brunner

Layout
Renzo Zanoni

Satz
Klaus R. Bittl

Druck und Bindung
Giunti Industrie Grafiche S.p.A. – Prato

Umschlaggestaltung
Klaus Keller

Coverabbildung
© akg-images

Die Abbildungen stammen, wenn nicht anders
vermerkt, aus dem Archivio Giunti.

Die Originalausgabe „Gli Asburgo – Splendori e miserie
di una dinastia" erschien © 2005 bei Giunti Editore S.p.A.,
Florenz-Mailand. www.giunti.it

Jede Form der Wiedergabe oder Veröffentlichung erfordert
die schriftliche Zustimmung des Verlags.

© 2008 Parthas Verlag
Stresemannstraße 30
10963 Berlin
www.parthasverlag.de

ISBN 978-3-86601-489-3

Elvira Marinelli

Die Habsburger
Eine europäische Dynastie

Von der Geschichte zum Mythos 6

Ursprünge einer Dynastie
Die Habsburg 8
Expansion und Vormachtstellung 10
Von Grafen zu Königen 12
O deutscher Albrecht... 14
Eine Wahlentscheidung 16

Das Schicksal Österreichs
Das Schicksal Österreichs 18
Der Herzog und Margarete 20
Ein machiavellistischer Fürst 22
Der Stifter 24
Die Herrschaft wird geteilt 26
Die albertinische Linie 28
Ladislaus Postumus 30

Der Traum von der universalen Monarchie
Ein Jahrhundert der Überraschungen 32
Verlagerung nach Nordwesten 34
Der letzte Ritter 36
Reformer und Mäzen 38

Die Zeit Karls V.
Erbe eines Traums 40
Karl V. und der Humanismus 42
Der neue Augustus 44
Der Konflikt mit Frankreich 46
Die Reformation 48
Der deutsche Bauernkrieg 50
Der große Kreuzzug 52
Die Abdankung 54
Die Nachfolge 56
Wien und Madrid 58

Die Habsburger in Spanien

Der Aufstieg Philipps II.	60
Der kluge König	62
El Escorial	64
Philipps Religiosität	66
Der Krieg mit den Niederlanden	68
Philipp gegen Elisabeth	72
Osmanen und Hugenotten	74
Der Niedergang Spaniens	76
Die Kinder und Enkel Philipps II.	78

Die österreichische Linie

Die österreichische Linie	80
Ferdinand I. auf dem Balkan	82
Der Humanist Maximilian II.	84
Rudolf, die Kunst und die Alchemie	86
Matthias und Ferdinand II.	88
Der dreißigjährige Krieg	90
Das barocke Österreich	94

Von der Aufklärung zur Restauration

Von Karl VI. bis zu Maria Theresia	98
Die große Kaiserin	100
Der aufgeklärte Absolutismus	104
Leopold aus der Toskana	106
Zwischen zwei Revolutionen	110

Franz Josef I. und seine Zeit

Mehr Franz als Joseph	114
Sisi, die ruhelose Möwe	116
Der Erzherzog von Schloss Miramare	118
Untergang eines Mythos'	120
Das Ende einer Dynastie	122

Namenverzeichnis	124

Die Habsburger

Von der Geschichte zum Mythos

Die Werke von Arthur Schnitzler, Joseph Roth oder Robert Musil, um nur einige der bekanntesten österreichischen Schriftsteller zu nennen, haben der Welt mit einer entmystifizierenden, bisweilen ironischen Schärfe die Facetten des habsburgischen Mythos offenbart, der sich auf das Ideal der Überstaatlichkeit, auf die perfekte bürokratische Ordnung und auf den Hedonismus als Flucht aus der Realität gründet. Das Fortbestehen dieses Mythos' und die anhaltende Thematisierung desselben in Europa während nahezu des gesamten 20. Jh. zeigen, dass keine Dynastie die Geschichte und Gesellschaft dieses Kontinents so geprägt hat wie die Habsburger.

Anhand der Geschichte dieses Herrschergeschlechts wird das vorliegende Buch die Entstehung und Weiterentwicklung, die politische Funktion sowie die kulturelle und soziale Tragweite des Mythos' beschreiben, mit dem die Dynastie der Habsburger noch heute häufig identifiziert wird.

Eine europäische Dynastie

Seit den Anfängen im Elsass bis zur Niederlage im ersten Weltkrieg hat sich das Geschlecht der Habsburger an den bedeutendsten geistigen Strömungen sowie kulturellen und sozialen Veränderungen gemessen und die eigene Geschichte mit jener der wichtigsten europäischen Herrscherhäuser verquickt. Der Leitfaden, der die Ereignisse und Persönlichkeiten dieser Dynastie über die Zeit hinweg miteinander verband, war die Vorstellung von der Zugehörigkeit zu einem Geschlecht, einer Familie und einer auf Tradition gegründeten Gemeinschaft.

Neben der Sorge um das Staatswohl zeichneten sich die habsburgischen Herrscher vor allem durch ihr Pflichtbewusstsein, die absolute Treue gegenüber dem eigenen Geschlecht sowie durch ihre Opferbereitschaft im Namen des politischen Erfolgs aus. Als den Habsburgern im 13. Jh. die Krone des Heiligen Römischen Reiches verliehen wurde, galt ihnen dieses Ereignis als

Deckenfresko aus der Hofburg in Innsbruck. Mit Maria Theresia bekam das Gebäude sein heutiges Aussehen im Stil des Rokkoko.

Die Geschichte vom Mythos

Habsburger Kaiserkrone, Zepter und Weltkugel, Goldschmiedearbeit aus Prag, 17. Jh.

Verheißung, die größte Aufgabe der Christenheit zu übernehmen und ein universales Reich errichten zu können, das als Verkörperung eines kosmopolitischen Prinzips den Frieden und Wohlstand der Völker garantieren sollte.

Eine vielseitige Ahnengalerie

Die Geschichte der Habsburger umfasst eine Vielzahl unterschiedlicher Persönlichkeiten, deren Wirken mal durch strengen Konservatismus, mal durch die innovativste Reformpolitik geprägt war. Neben den Kaisern, die mit Mut und Umsicht ihre Pläne umsetzten oder auf Ausgleich bedacht waren, finden sich in der Geschichte der Habsburger auch religiöse Fanatiker, machiavellistische Fürsten, die skrupellos die Interessen des eigenen Herrschergeschlechts verfolgten, und kalte Bürokraten, die sich der formalen Ordnung und dem Stillstand verschrieben hatten. Es gab geschickte militärische Strategen und unfähige, geisteskranke Machthaber, leidenschaftliche Verfechter des wissenschaftlichen Fortschritts und Kunstmäzene, denen wir die großartigen Höfe, Paläste und Museen in Wien, Graz, Innsbruck, Salzburg, Prag, Budapest und Triest zu verdanken haben.

Die Aktualität der mitteleuropäischen Kultur

Aus dem mittelalterlichen Universalanspruch entwickelte sich im 19. Jh. der Mythos eines habsburgischen Mitteleuropas, als einem überstaatlichen Gefüge, in dem Frieden und Ordnung herrschen und nationale Gegensätze aufgehoben werden können. Trotz des abstrakten und vorläufigen Charakters dieser Konzeption brachte sie ein Bewusstsein hervor, das, angesichts der durch den Werteverfall gekennzeichneten Krise des 19. Jh., äußerst fruchtbar und von großer Tragweite war. Das Habsburger Imperium war tatsächlich eine Stätte der intellektuellen Begegnung, der Auseinandersetzung, des Austausches und der Vermengung unterschiedlicher Ideen bzw. Kulturen und nahm in gewisser Weise die aktuelle Diskussion um kulturelle Identität und Differenz in einer globalen Gesellschaft vorweg.

Die Habsburg

Carl Haase, Die Habsburg, 1866, Triest, Museo storico del castello di Miramare.

Die wenigen erhalten gebliebenen historischen Dokumente zum Ursprung der Habsburger Dynastie reichen ins 10. Jh. zurück und nehmen auf ein kleines Adelsgut Bezug, das sich in dem Gebiet zwischen dem heutigen Schweizer Kanton Aargau und der französischen Region Elsass befand.

Der Stammvater, ein gewisser Guntram, war ein in Ungnade gefallener Vasall des Kaisers Otto I. (912–973). Sein Sohn Lanzelin, Graf von Altenburg im Aargau, hatte zwei Nachkommen – Werner und Radbod – die der Familie erneut zu Macht und Ansehen verhalfen. Werner wurde Fürstbischof von Straßburg, einem wichtigen Handelsknotenpunkt, dem als Bischofssitz seit Karl dem Großen ein großes Feudalgebiet im Elsass und am rechten Rheinufer unterstand. Um 1020 ließ Werner, zum Zeichen wiedergewonnener Stärke, in der Nähe von Zürich, am rechten Ufer der Aare, unweit des Zusammenflusses mit dem Rhein, eine gewaltige Festung errichten. Aus dem ungewöhnlichen Beinamen *Habichtsburg*, den man dem Schloss gab, sei später, so heißt es, der Name Habsburg und der Titel des Grafen von Habsburg entstanden, den alle Herrscher der österreichischen Dynastie bis zu deren Untergang bewahrten.

Von der ursprünglichen Burg sind heute noch die Überreste eines Turms erhalten. Berichten zufolge begannen die Restaurierungsarbeiten durch die Schweizer Kantonsregierung zu Beginn des 20. Jh. in Gegenwart von Kaiser Franz-Josef I.

Ursprünge einer Dynastie

Der Rhein entspringt in den Schweizer Alpen und fließt durch Deutschland, Frankreich, Österreich und die Niederlande. Er mündet in die Nordsee. Da er leicht zu befahren ist, wurde er seit dem Mittelalter für den Transport von Wein, Textilien und Getreide genutzt.

Aargau und Elsass

Der Aargau, heute ein Kanton der nördlichen Schweiz (Hauptstadt Aarau), ist durch den Rhein von Deutschland getrennt und stellte zur Zeit des Römischen Reichs einen wichtigen Militärstützpunkt gegen die Barbaren dar. Als ein Gebiet, durch das der Handel zwischen Nord und Süd, Ost und West verlief, fiel er später unter die Herrschaft der Franken und war ein bedeutendes Lehen verschiedener Grafen, unter anderem der Habsburger. Das Elsass, heute eine der Regionen Ostfrankreichs (Hauptstadt Straßburg), liegt zwischen dem Rhein und den Vogesen. 58 v. Chr. wurde es von den Römern erobert und gehörte im Mittelalter, als Teil des Herzogtums Schwaben, zum Heiligen Römischen Reich. Vom 12. bis zum 14. Jh. war es Landgrafschaft der Habsburger. In der Folgezeit wurde es in kleinere weltliche und kirchliche Lehen aufgeteilt und unterstand verschiedenen Herrschern, wobei es, auf Grund seiner strategischen Lage und den reichen Bodenschätzen, immer stark umkämpft war.

Die Nordvogesen entstanden im Erdaltertum als herzynisches Faltengebirge. Ihre abgerundeten Formen zeugen von einem langen Erosionsprozess.

9

Die Habsburger

Expansion und Vormachtstellung

Bis zum Beginn des 13. Jh. waren die Habsburger ein Adelsgeschlecht von eher zweitrangiger Bedeutung, mit Besitztümern im Aargau und dem Elsass, die ihnen von schwäbischen Kaisern als Anerkennung ihrer Treue überlassen wurden.

Werner II., ein Sohn Radbods und erster Graf von Habsburg zwischen 1082 und 1096, war Vater von Otto II. Dessen Nachkomme Werner III. hatte einen Sohn, Albrecht III., der zum Grafen von Zürich ernannt wurde.

Dessen Sohn wiederum, Graf Rudolf II. der Ältere, war der erste der Familie, der sich darum bemühte, eine Vormachtstellung in Südwestdeutschland aufzubauen. Er erlangte die Besitztümer der gesamten Grafschaft von Aargau sowie das Protektorat über die Schweizer Kantone Uri, Schwyz, Unterwalden und die Stadt Luzern. Nach seinem Tod im Jahr 1232 teilte sich das Geschlecht mit seinen beiden Söhnen, Albrecht IV., Landgraf im Elsass, und Rudolf III. in zwei Linien: die von Albrecht ausgehende Hauptlinie und die Seitenlinie Rudolfs, die im 15. Jh. endgültig ausstarb.

Seit Albrecht IV., der als weiser Fürst, mutiger Soldat sowie frommer und unglücklicher Pilger nach Jerusalem beschrieben wird, wo er 1239 oder 1240 verstarb, verknüpft sich das Schicksal der Grafen von Habsburg endgültig mit dem des Kaiserreiches. Als entfernter Verwandter und treuer Gefolgsmann von Friedrich II. aus dem Haus der Staufer (1194–1250), wählte Albrecht den Kaiser zum Taufpaten seines Sohnes Rudolf IV. Dieser erbte mit dem Tod des Vaters die gesamten Besitztümer der Familie.

Wenig später erhielt Rudolf durch den

Friedrich II., Miniatur aus dem 13. Jh. In der linken Hand hält der Kaiser ein Symbol des Christentums.

Ursprünge einer Dynastie

Das von den Staufern in der ersten Hälfte des 12. Jh. errichtete Château du Haut-Kœnigsbourg im Elsass. Es war lange Zeit Ritterburg und ging schließlich in den Besitz der Habsburger über, die es ab dem 15. Jh. erneuern und erweitern ließen.

Kaiser neue Lehen im Schwarzwald und nutzte den Konflikt zwischen den großen Feudalherren und der Kaiserkrone, um seine Herrschaftsgebiete zu erweitern und zum mächtigsten Fürsten Südwestdeutschlands aufzusteigen.

Uri, Schwyz und Unterwalden

Innerhalb der strengen politischen Ordnung des Karolingerreiches wurden die zur heutigen Schweiz gehörenden Gebiete teilweise dem Königreich Burgund, dem Königreich Italien sowie dem Herzogtum Schwaben und teilweise den Grafschaften der dort ansässigen Familien, unter ihnen die Habsburger, unterworfen.

Seit dem 13. Jh. schritt auch hier die Entwicklung der Stadtzentren zu unabhängigen Republiken mit einer vom Bürgertum gestützten Wirtschaft voran. Es entstanden Stadtstaaten, die sich das Umland unterworfen hatten, und Talgemeinden, die zwar noch dem Kaiserreich unterstanden, aber Freiheiten und Privilegien genossen, sich selbst verwalteten, zu Kantonen zusammenschlossen und sich gegenseitige Unterstützung zusicherten.

Uri, Schwyz und Unterwalden waren die drei Urkantone, die Graf Rudolf II. am Ausbau ihrer Unabhängigkeit zu hindern und unter Kontrolle zu halten versuchte.

Die Habsburger

Von Grafen zu Königen

Franz Pforr, Einzug König Rudolfs von Habsburg in Basel 1273, Frankfurt, Staedelsches Kunstinstitut.

Nachdem sich Rudolf IV. (1218–1291) durch geschickte Heiratspolitik mit den angesehensten deutschen Grafen und Herzögen verschwägert hatte, wurde er 1273 in Aachen zum römisch-deutschen König gekrönt.

Mit der Unterstützung des Papstes, dem er zugesichert hatte, keinen Herrschaftsanspruch auf Rom und das Gebiet der Kirche zu erheben, ließ er sich schließlich als Rudolf I. zum Kaiser wählen. Zur Wiederherstellung des Friedens und zur Stärkung der kaiserlichen Macht erlegte er den selbstverwalteten Fürstentümern starke Beschränkungen auf. Mit seiner strategischen Politik der Konsolidierung und Expansion des Hauses Habsburg in Mitteleuropa zog er sich die Feindschaft des böhmischen Königs Ottokar II. (1233–1278) zu. Dieser hatte durch geschickte militärische Eingriffe und willkürliche Gebietsbesetzungen, seine ursprünglichen böhmischen und mährischen Besitztümer um das Herzogtum Österreich, die Steiermark, Kärnten und die Krain er-

Ursprünge einer Dynastie

weitert und sie der Kontrolle des Kaiserreichs entzogen. Als Ottokar II. den Befehl erhielt, dem Reich die besetzten Gebiete zurückzugeben, weigerte er sich, da er die Herrschaft von Rudolf I. nicht anerkennen wollte.
Trotz eines letzten Schlichtungsversuchs mittels zweier Eheschließungen zwischen den jeweiligen Kindern war ein Konflikt der beiden Herrscher unvermeidbar. Dieser mündete schließlich in einen Krieg, in dem Ottokar II. starb.

Die Habsburger konfiszierten die ihm unterstehenden Gebiete, wodurch sich der Schwerpunkt ihrer Politik von der Schweiz in das Donaugebiet verlagerte. Wegen seiner Ausdehnung und strategischen Lage stellte das neueroberte Territorium das wohl wichtigste Gut der Familie dar. Die beiden Söhne Rudolfs I. erhielten den Titel der Herzöge von Österreich und die Familie selbst begann, sich als Haus Österreich zu bezeichnen.

Tausend Jahre Heiliges Römisches Reich

Das Heilige Römische Reich wurde von Karl dem Großen (742–814) am Weihnachtstag des Jahres 800 gegründet, um die politische und geistige Einheit des christlichen Abendlandes zu garantieren. Ursprünglich erstreckte es sich von den Pyrenäen bis zu den Flüssen Oder und Donau und nach Mittelitalien. Den Nachfolgern von Karl dem Großen gelang es nicht, ein derart großes und vielseitiges Gebiet geeint zu halten. Es wurde in verschiedene Einzelstaaten aufgelöst.
Mit der Wahl eines sächsischen Fürsten zum Kaiser war 962 das Ende der Verbindungen dieser Institution zu ihren fränkischen Ursprüngen besiegelt. Das Erbrecht der Krone ging auf die deutschen Fürsten über.
Frankreich entwickelte sich zu einem eigenständigen Machtgefüge und der deutsche König konnte nur durch den Papst auch zum König von Italien und zum Kaiser gekrönt werden. Nach einem Jahrhunderte dauerndem Kon-
flikt mit dem Papsttum um die Frage nach den wechselseitigen Beziehungen und die Vorherrschaft in den jeweiligen Machtbereichen, verzichtete das Reich im Lauf des 14. Jh. auf jeglichen Anspruch nach Universalität. Es beschränkte seinen Machtbereich auf deutsches Gebiet und fiel seit dem 15. Jh. unter die alleinige Herrschaft der Habsburger. Formal endet das Heilige Römische Reich 1806 unter dem Habsburger Kaiser Franz II., der den Titel des Kaisers von Österreich annahm.

Krönung von Karl dem Großen,
Miniatur, 14. Jh.

Die Habsburger

O deutscher Albrecht...

Der von Rudolf I. gestützte Kampf gegen die Unabhängigkeitsbestrebungen der deutschen Feudalherren führte bei seinem Tod 1291 zu einer feindseligen Haltung derselben gegenüber dem habsburgischen Erben Albrecht und dazu, dass Adolf von Nassau zum römisch-deutschen König ernannt wurde. Albrecht widersetzte sich zunächst nicht, da er mit der Niederschlagung mehrerer Aufstände des österreichischen Adels und der Schweizer Kantone beschäftigt war. 1298, nach der Absetzung Adolfs, wurde er als Albrecht I. (1255–1308) zum römisch-deutschen König gekrönt. Ebenso wie sein Vater Rudolf I. festigte er seine Macht in Deutschland, Böhmen und Österreich. In Italien verfolgte er dagegen keine Interessen und überließ die Halbinsel dem Kampf der untereinander zerstrittenen Adelsfamilien. Im 6. Gesang des *Fegefeuers* wendet sich Dante Alighieri mit scharfen Worten gegen König Albrecht I., der Italien wie ein »Schiff ohne Steuer auf durchstürmten Meeren« zurückgelassen hatte. 1306 starb König Wenzel III. in Böhmen und Albrecht forderte die böhmische Krone für seinen erstgeborenen Sohn und damaligen Herzog von Österreich, Rudolf III. (1282–1307). Während Albrecht nach dessen plötzlichem Tod 1308 versuchte, den widerstrebenden

> *O deutscher Albrecht, der dies Tier verlassen, / Das drum nun tobt in ungezähmter Wut, / Statt mit den Schenkeln kräftig es zu fassen, / Gerechtes Strafgericht fall' auf dein Blut. / Vom Sternenzelt, auch sei es neu und offen, / Dann ist dein Folger wohl auf seiner Hut. / Was hat dich und den Vater schon betroffen, / Weil ihr, verödend diese Gartenau'n, / Nach jenseits nur gestellt das gier'ge Hoffen.*
> Dante Alighieri, *Die Göttliche Komödie, Das Fegefeuer*, VI. Gesang

Das aus dem 14. Jh. stammende, gewaltige Bauwerk der Burg Kost bestimmt das Bild der Ortschaft Podkost in Böhmen.

Auf der gegenüberliegenden Seite ist eine mehrfarbige Skulptur von Wilhelm Tell zu sehen.

Ursprünge einer Dynastie

Wilhelm Tell

Aufgebracht durch die hohen Zahlungen an die Habsburger und die erdrückenden Straßenzölle auf alle Waren, die den Weg über die Alpenpässe nahmen, erhoben sich die Schweizer Kantone unter der Regierung von Albrecht I. und forderten die vollkommene Unabhängigkeit.

Wilhelm Tell war der sagenumwobene Volksheld dieses Aufstands. Laut Überlieferung ließ der habsburgische Landvogt Gessler, während einer seiner zahlreichen provokanten Gewaltakte, auf dem Platz der Stadt Altdorf zum Zeichen seiner Macht einen federgeschmückten Hut aufhängen und befahl allen, davor niederzuknien. Wilhelm weigerte sich und wurde zum Tode verurteilt.

Da er als hervorragender Armbrustschütze bekannt war, beschloss Gessler, ihm das Leben zu schenken, wenn es ihm gelingen sollte, auf hundert Meter Entfernung mit einem einzigen Schuss einen Apfel zu treffen, der auf dem Kopf seines Sohnes postiert wurde. Wilhelm traf sein Ziel, aber da er erklärt hatte, dass er, im Falle eines Scheiterns, einen Pfeil auf den Landvogt geschossen hätte, wurde er zu lebenslanger Haft verurteilt. Das Schiff, das ihn ins Gefängnis bringen sollte, geriet jedoch auf dem Vierwaldstättersee in einen Sturm. Wilhelm übernahm das Steuer, tötete Gessler und brachte so den Befreiungsprozess der Schweiz von der Herrschaft der Habsburger in Gang.

Von dieser Legende ließ sich Friedrich Schiller (1759–1805) zu seinem Drama Wilhelm Tell *inspirieren, einer leidenschaftlichen Verurteilung jeglicher Form von Tyrannei und Verherrlichung des Freiheitskampfes. Auch der italienische Komponist Gioacchino Rossini (1792–1868) und seine romantische Oper* Guillaume Tell *dürfen an dieser Stelle nicht unerwähnt bleiben. Berühmt ist vor allem die Ouvertüre mit Motiven aus Schweizer Volksliedern.*

böhmischen Fürsten die Nachfolge seines zweiten Sohnes, Friedrich, aufzuzwingen, brach in der Schweiz erneut eine heftige Revolte aus.

Der König eilte herbei, wurde aber in einem Hinterhalt von seinem Neffen Johann ermordet, der sich, aus Wut über das ihm vorenthaltene, rechtmäßige Erbe, mit den schweizerischen Aufständischen gegen den Onkel verbündet hatte. Die Söhne Albrechts nahmen grausam Rache für den Tod des Vaters, verfolgten die Verschwörer, deren Familien und Vasallen, beschlagnahmten deren Güter und setzten Burgen in Brand. Johann floh nach Italien, um Schutz bei Papst Clemens V. zu suchen. Er starb 1313 vermutlich in einem Kloster.

In Friedrich Schillers Drama *Wilhelm Tell* bekam Johann später die Rolle des mutigen Tyrannenmörders, aber in der Geschichte des Hauses Habsburg erhielt er den Beinahmen Parricida, Vater- bzw. Verwandtenmörder.

Die Habsburger

Eine Wahlentscheidung

Mit dem Tod von Albrecht I. im Jahr 1308 war der Aufstieg der Habsburger vorläufig beendet, da zahlreiche andere deutsche Adelsfamilien sich gegen deren expansive Machtpolitik zusammenschlossen.

Das erste Zeichen dieses Niedergangs wurde sichtbar, als 1314 Friedrich der Schöne (1286–1330), der zweite Sohn von Albrecht I., versuchte, die Krone des Heiligen Römischen Reiches zu erlangen, indem er einige deutsche Kurfürsten dazu überredete, für ihn zu stimmen und dennoch von Ludwig dem Bayern mit fünf von neun Stimmen geschlagen wurde. Friedrich akzeptierte die Niederlage nicht und ließ sich, mit Unterstützung der Fürsten von Sachsen, Bayern und Kärnten vom Kölner Erzbischof in Bonn zum römisch-deutschen König Friedrich III. krönen, während gleichzeitig Ludwig in Aachen durch den Erzbischof von Mainz dieselbe Krone empfing.

Dieses Ereignis löste eine schwere institutionelle Krise im Reich aus. Seit jeher war das Amt des römisch-deutschen Königs mit dem des Kaisers zusammengefallen, aber es gab keine Rechtsurkunden, in denen die Kompetenzen und Rechte bei Wahlangelegenheiten eindeutig festgelegt waren. Mit Hilfe seines Bruders Leopold I., einem geschickten Militärstrategen, versuchte Friedrich III. die Situation zu retten und griff Ludwig mit seinem Heer an. Der Konflikt dauerte acht Jahre lang, bis schließlich 1321 der habsburgische Thronanwärter in Mühldorf am Inn geschlagen und als Gefangener in die Burg Trausnitz in der Oberpfalz gebracht wurde. Nach drei

Schwertleite, *Miniatur aus dem 14. Jh.*
Die Ritter mussten dem König schwören, keine Gewalttaten und Morde zu verüben, Verrat zu meiden, nicht grausam zu sein, sondern sich derer zu erbarmen, die darum baten, und allzeit, unter Einsatz des eigenen Lebens, den Maiden, Damen und Edelfrauen zur Seite zu stehen. Keiner von ihnen sollte sich in Kämpfe und unangemessene Streitigkeiten verwickeln lassen, die gegen das Gesetz verstießen oder nicht das Wohl aller zum Ziel hatten.

Ursprünge einer Dynastie

Der Tegernsee ist einer der zahlreichen Seen der Bayerischen Hochebene, die sich von den Voralpen bis zur Donau erstreckt.

Jahren musste Ludwig einsehen, dass er nur dann ohne den anhaltenden, vom Papst unterstützten Widerstand der Habsburger regieren konnte, wenn er auf Friedrichs Beistand zählen konnte. Er bot ihm deshalb die Freiheit und jene Güter als Besitztum an, die er den Habsburgern bereits als Lehen überlassen hatte. Im Gegenzug sollte Friedrich auf die Krone verzichten sowie eine Versöhnung zwischen den feindseligen deutschen Fürsten und dem Papst bewirken. Friedrich willigte ein. Laut einer Volkssage, die vor allem auf den im Feudalsystem fundamentalen Wert der ritterlichen Treue abhebt, kehrte er jedoch nach einiger Zeit freiwillig in sein Gefängnis zurück, da seine diplomatischen Bemühungen gescheitert waren. Vermutlich durch diesen Treuebeweis beeindruckt, schlug Ludwig ihm ein Abkommen vor, das beide zur Herrschaft über Deutschland berechtigte. Die aus den Unstimmigkeiten der beiden Herrscher erwachsenden Probleme sollten sich allerdings erst mit Friedrichs Tod im Januar 1330 lösen.

Von diesem Augenblick an blieb das Schicksal der Habsburger für nahezu anderthalb Jahrhunderte von der Krone des Heiligen Römischen Reiches losgelöst.

Die Kurfürsten

In den ersten Jahrhunderten nach dem Tod von Karl dem Großen war die Wahl zum römisch-deutschen König und Kaiser des Heiligen Römischen Reichs ein erbliches Vorrecht weniger deutscher Herrscherhäuser. Sie erfolgte durch spezielle Reichstage, d. h. Versammlungen, an denen alle weltlichen und kirchlichen Feudalherren teilnahmen. Seit dem 12. Jh. war das Wahlrecht den sieben deutschen Fürsten vorbehalten, die unmittelbar dem Kaiser unterstanden. Diese sogenannten Kurfürsten waren die Erzbischöfe von Mainz, Trier und Köln, der Pfalzgraf bei Rhein, der Markgraf von Brandenburg, der Herzog von Sachsen und der König von Böhmen.

17

Die Habsburger

Das Schicksal Österreichs

In den Jahren des Konflikts um die Kaiserkrone zwischen Ludwig IV. dem Bayern und Friedrich III. dem Schönen, erklärten sich weite Teile der durch die Habsburger belehnten schweizerischen Gebiete als unabhängig und schlossen sich zu freien Staatenbündnissen zusammen.

Ihr Sieg in der Schlacht am Morgarten im Kanton Schwyz und die nachfolgende Gründung der Eidgenossenschaft, die auch vom Kaiser anerkannt wurde, sorgten dafür, dass sich die Habsburger nach und nach aus den Gebieten im Südwesten Deutschlands zurückzogen und sich entgültig an österreichischem Boden banden.

Auf Friedrich III., der das Herzogtum um Abteien und Klöster bereichert hatte, folgte 1330 sein Bruder Herzog Albrecht II. (1298–1358), der wegen einer Lähmung der Beine auf Krücken laufen musste und den Beinamen der Lahme trug. Dieser war darauf bedacht, die österreichischen Besitztümer zu festigen und ihre Grenzen zu erweitern. Er eroberte Kärnten sowie die Gegend um Trient und dehnte schließlich sein Herrschaftsgebiet mit Triest und Istrien bis zur Adria aus.

Die Schlacht am Morgarten, *Miniatur, 15. Jh.*

Das Schicksal Österreichs

Ursprünge des Herzogtums Österreich

Dem heutigen Österreich entsprachen in früherer Zeit die Gebiete Rätiens und des Noricums, die von Illyriern, Kelten und Donauvölkern besiedelt waren.

Unter Kaiser Augustus wurden sie von den Römern erobert. Seitdem stellte die Donau die Verteidigungslinie entlang der Grenze der römischen Provinz Pannonien dar. Dieses Gebiet wurde vor allem unter der Herrschaft Marc Aurels häufig von Völkern aus dem Osten Europas überfallen. In Vindobana, dem heutigen Wien, war 178 n. Chr. das Feldlager der neunten Legion dieses Kaisers stationiert, der dort zwei Jahre später ums Leben kam.

Über mehr als sechs Jahrhunderte kam es immer wieder zu Übergriffen durch die Alemannen, die Goten, die Langobarden und die Bajuwaren. Am Ende des 8. Jh. wurde das Gebiet durch Karl den Großen besetzt, der den östlichen Teil seiner Besitztümer als Markgrafschaft des Heiligen Römischen Reiches der Mark Friaul angliederte.

Mit dieser für kriegsgefährdete Grenzgebiete typischen Festlegung war eine Grafschaft von beträchtlicher Größe

Reiterstatue Marc Aurels, *2. Jh. n. Chr., Rom, Piazza del Campidoglio. Der römische Kaiser versuchte, die Donaugrenze zu festigen. Einige Episoden dieses Unterfangens sind auf der ebenfalls in Rom befindlichen, nach ihm benannten Säule dargestellt.*

entstanden, die über ein starkes Militärkontingent verfügte und hohe Steuereinnahmen garantierte. Der zur Verwaltung eingesetzte Vasall, der sogenannte Markgraf, hatte auch auf rechtlichem Gebiet mehr Macht als ein gewöhnlicher Graf. So konnte er zum Beispiel bei Bedarf stellvertretende Richter ernennen.

Aus der Bezeichnung Ostmark leitet sich die spätere Bezeichnung Ostarrichi und schließlich Österreich ab.

Die Habsburger

Der Herzog und Margarete

Um den Verlust der Herrschaft über das Heilige Römische Reich und eines Teils der schweizerischen Lehen auszugleichen, entwarf Albrecht II. den Plan, Österreich und die verbliebenen Besitztümer in der Schweiz und dem Elsass durch die Besetzung der Grafschaft Tirol, dem natürlichen Verbindungsglied zwischen den beiden Regionen, zu vereinen.
Sein Plan sah ein Abkommen mit Kaiser Ludwig IV. dem Bayern vor: Da

Das Schloss Tirol erhebt sich majestätisch über der kleinen gleichnamigen Ortschaft unweit von Meran. Bis zur Schenkung durch Margarete »Maultasch« an die Habsburger und der Verlegung des Hauptsitzes nach Innsbruck, war es die Residenz der Grafen von Tirol.

Heinrich, Graf von Tirol, keine männlichen Nachkommen, sondern nur eine Tochter namens Margarete hatte, sollten sich nach dessen Tod Österreich und Bayern die Grafschaft teilen.
Ludwig spielte ein doppeltes Spiel: Er gestand Heinrich, der ihn darum gebeten hatte, das Recht zu, seine Tochter als Erbin einzusetzen und vereinbarte gleichzeitig mit Albrecht II., dass nach dem Tod des Grafen Kärnten an Österreich und Tirol an Bayern fallen sollte.
Als 1335 der Vater starb, akzeptierte Margarete von Tirol, auch Margarete Maultasch genannt, die Abtretung nicht und reagierte mit Krieg. Der ein Jahr später unterzeichnete Friedensvertrag sah vor, dass Kärnten an

Das Schicksal Österreichs

Luftaufnahme der Nordtiroler Berge mit dem Achensee.

Albrecht II. fiel, während Tirol der tatkräftigen und entschlossenen Gräfin verbleiben sollte. Vier Jahre später vertrieb Margarete ihren Ehemann, der in der Grafschaft wenig beliebt war, bat den Kaiser um die Annullierung der Ehe und heiratete dessen Sohn in zweiter Ehe. Daraufhin exkommunizierte Papst Clemens VII. die Frau, deren unrechtmäßigen Ehemann sowie den nachgiebigen Schwiegervater.

Erst durch die diplomatischen Bemühungen des österreichischen Herzogs Rudolf IV., gen. der Stifter, wurde 1359 die päpstliche Entscheidung widerrufen. Im Gegenzug willigte Margarete in die Ehe zwischen dem eigenen Sohn Mainhard und der Tochter Rudolfs ein. Nach dem Tod ihres Ehemannes und des Sohnes im Jahr 1363 überließ sie, in einem neuen und gesetzeswidrigen Verfahren, ihre Ländereien als Schenkung dem Herzog von Österreich. Nie zuvor war eine Grafschaft des Reiches durch jemanden an Dritte übertragen worden, außer durch den Kaiser. Die dreiste politische Vorgehensweise Margaretes löste heftigen Widerstand bei den Herzögen von Bayern aus, die ebenso wie die Habsburger Anspruch auf Tirol stellten.

Um ihre Handlung unanfechtbar zu machen, datierte die Gräfin die formale Urkunde zurück, womit die Abtretung auf eine rechtlich einwandfreie Grundlage gestellt war. Rudolf IV. bat Karl IV., den neuen Kaiser aus dem Hause Luxemburg und König von Böhmen, dessen Tochter Katharina er unterdessen geheiratet hatte, um seine Zustimmung, die er auch erhielt. Damit waren die Streitigleiten endgültig gelöst.

21

Ein machiavellistischer Fürst

Friedrich I. Barbarossa auf dem Thron, Miniatur, 12. Jh. *Der Kaiser versuchte, in Italien die Vorherrschaft des Reiches über das Papsttum und die Stadtstaaten zu erlangen. Er ertrank während des dritten Kreuzzuges in dem Fluss Saleph in Kilikien.*

Rudolf IV. der Stifter (1339–1365), seit 1358 Herzog von Österreich, war eine geniale, von Machtstreben beherrschte Persönlichkeit, deren Politik vorbehaltlos im Interesse des eigenen Herrschergeschlechts stand und die einen starken Einfluss auf die Geschicke des eigenen Landes nahm. In den bloß sieben Jahren seiner Regierungszeit entwickelte Rudolf IV. Ideen und führte Pläne aus, die in späteren Zeiten wieder aufgenommen und vorangetrieben wurden. Er legte den Grundstein für den habsburgischen Mythos des besonderen Auftrages und der auserwählten Natur des Hauses Österreich.

1356 hatte sein Schwiegervater, Kaiser Karl IV., die goldene Bulle erlassen. In der Urkunde wurden endlich auf eindeutige Weise das Verfahren zur Wahl des Kaisers festgelegt und sieben Kurfürsten und deren Privilegien bestimmt. Der Herzog von Österreich war von der Wahl ausgeschlossen, worunter Rudolf zutiefst litt.

Als er 1358 sein politisches Amt übernahm, ersuchte er auf provokante Weise sogleich den Kaiser um die Anerkennung des sogenannten *Privilegium maius*, einer in seiner eigenen Kanzlei verfassten Urkunde, die auf 1156 datiert und von Friedrich I. Barbarossa unterzeichnet war. Das *Privilegium maius* unterschied sich insofern von dem bis dahin für die österreichischen Herzöge geltenden *Privilegium minus*, als es an Stelle von fünf nunmehr 18 Vorrechte enthielt und die Herzöge von Österreich zu Erzherzögen erhob. Abgesehen von dem Recht auf Kaiserwahl, das in der Urkunde unerwähnt blieb, übertrafen die übrigen Rechte jene aller anderen deutschen Fürsten und gestanden Österreich die vollkom-

Das Schicksal Österreichs

mene Unabhängigkeit vom Kaiserreich zu. Mit Inkrafttreten dieser Urkunde wäre der Übergang vom Feudalstaat zum Verwaltungsstaat vollzogen worden: Der Erzherzog hätte nach Belieben alle Vasallen, Funktionäre und Angestellte ernennen bzw. absetzen können. Kaiser Karl IV., der an der Echtheit des Dokuments zweifelte, schickte es nach Italien, um es von dem damals größten Kenner der lateinischen Sprache, Francesco Petrarca, in Augenschein nehmen zu lassen. Die Antwort des berühmten Humanisten ließ keinen Zweifel daran, dass es sich um eine Fälschung handelte: Die Urkunde war von einem nur schlecht mit der lateinischen Sprache vertrauten Autor verfasst, der sich jedoch gut auf die Kunst des Fälschens verstand.

Eine historische Fälschung

1358 verschwand die echte Urkunde des *Privilegium minus* und tauchte nie wieder auf. Seitdem gab es, trotz aller Zweifel von Karl IV. und des harten Urteils von Francesco Petrarca, nur noch das *Privilegium maius*.
Tatsächlich trugen die Herzöge von Österreich, die auf ihrem vermeintlichen Vorrecht beharrten und alle nachfolgenden Kaiser um dessen Anerkennung ersuchten, seitdem den Titel des Erzherzogs. Als 1452 mit Friedrich III.

die Kaiserkrone endgültig an die Habsburger fiel, wurde die Urkunde schließlich formal anerkannt.
Auch unter Historikern galt ihre Echtheit als unbestritten, bis in der Mitte des 19. Jh. der Gelehrte Georg Waitz, nach ausführlichen Recherchen im Staatsarchiv Wien, die zweifelhafte Herkunft dieser Urkunde aufdeckte, die über Jahrhunderte hinweg die unumstößliche Grundlage der habsburgischen Herrschaft in Österreich gebildet hatte.

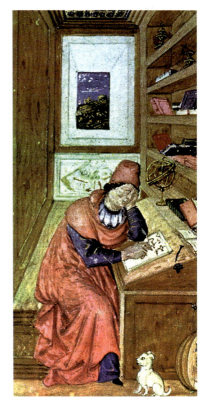

Francesco Petrarca in seinem Studierzimmer, Miniatur, 14. Jh. Petrarca war einer der Begründer des Humanismus.

23

Die Habsburger

Der Stifter

Rudolf IV. ging in die habsburgische Geschichte unter dem Beinamen „der Stifter" ein. So gründete er 1365 die Universität Wien, die nach seinem Willen für die österreichische, die böhmische, die sächsische und die ungarische Nation bestimmt war und später zur treibenden Kraft des deutschen Humanismus wurde. Der tatkräftige Herzog Rudolf ließ in Wien den Stephansdom erneuern, wobei die vorgegebene romanische Grundstruktur im nunmehr gotischen Stil erweitert wurde. Darüber hinaus sollte der Dom mit wertvollen Reliquien ausstattet werden: mit einem bei der Steinigung des hl. Stephans verwendeten Stein, etwas Sand aus dem Jordan, einem Stück Brot des Wunders

Der Stephansdom in Wien ist die schönste gotische Kirche Österreichs. Er entstand zu Beginn des 12. Jh. unter Heinrich II. Jasomirgott. Seine heutige Gestalt reicht ins 15. Jh. zurück. In der Herzogsgruft befinden sich die Urnen mit den Eingeweiden der Habsburger. Ihre Körper sind dagegen in der Kapuzinergruft beigesetzt.

Das Schicksal Österreichs

> **Tote Hand**
>
> *Die Ursprünge dieser Bezeichnung gehen auf den Beginn des Feudalzeitalters zurück, als dem verstorbenen Lehnsmann, der keine eigenen Güter zurückließ, die rechte Hand abgehackt wurde und zum Zeichen der Beendigung des Vasallenverhältnisses zu dessen Herren gebracht wurde.*
> *In den darauffolgenden Jahrhunderten wurden mit diesem Begriff verschiedene Aspekte der Feudalbeziehungen bezeichnet: zunächst das Verbot für Lehnsmänner und Bauern, ein Testament zu verfassen, dann das Vorrecht der Feudalherren, sich die Güter der verstorbenen Untertanen und Vasallen anzueignen, und schließlich die hohen Zahlungen, mit denen es in einigen Fällen möglich war, das Land, auf dem man lebte und arbeitete, loszukaufen.*

der Vermehrung, mit Weihrauch der Heiligen Drei Könige sowie einem Leichentuch.

Die wichtigste politische Maßnahme Rudolfs bestand jedoch in seinem Bemühen um den Abbau des Feudalstaates und den Aufbau eines Verwaltungsstaats. Zu diesem Zweck erklärte der Herzog die zukünftige Hauptstadt sowie alle übrigen Städte des Herzogtums als von der Abgabepflicht gegenüber den jeweiligen Lehnsherren befreit. Auf diese Weise förderte er die Entwicklung des städtischen Bürgertums, die Neuordnung der Zünfte und die Erweiterung der Stadt Wien. Darüber hinaus schränkte er das sogenannte Recht der »Toten Hand« ein und kämpfte gegen die Steuerprivilegien der Kirche. Viele kirchliche Institutionen wurden durch ihn der Immunität und der gerichtlichen Befugnisse enthoben. Von diesem Zeitpunkt an war die Erhebung von Abgaben insgesamt ein Vorrecht des Herzogs. Ehrgeizig und der expansiven Heiratspolitik seiner Familie treu, unterstütze Rudolf die Eheschließung seines sehr jungen Bruders Leopold III. mit Viridis Visconti, einer Tochter des Herren von Mailand Bernabò Visconti. Die Verbindung mit dem Herzogtum Mailand, einem auf Grund seiner zentralen Lage wichtigen strategischen Gebiet und darüber hinaus der größten Macht Norditaliens, wollte Rudolf IV. nutzen, um eine eigene Rolle in der italienischen Politik zu übernehmen und die Möglichkeiten einer Gebietserweiterung der habsburgischen Besitztümer in Richtung Süden abzuwägen. Dieses Bestreben wurde ihm jedoch zum Verhängnis. Als der Herzog, der sich nicht der besten Gesundheit erfreute, für die Hochzeitsfeierlichkeiten nach Mailand kam, machte ihm das heiße, drückende Klima der Poebene derart zu schaffen, dass er, wie es in Berichten aus der damaligen Zeit heißt, am 27. Juli 1365 an plötzlichem, hohem Fieber erkrankte und starb.

Er wurde im Wiener Stephansdom beigesetzt.

Die Habsburger

Die Herrschaft wird geteilt

Entsprechend seiner zentralistischen und auf Einheit bedachten Politik setzte sich Rudolf IV. dafür ein, dass die Belehnung des Herzogtums Österreich für alle Erben gemeinsam und zu gleichen Rechten erfolgte. 1364 ließ er dieses Prinzip mittels eines speziellen Familienstatuts bestätigen, das die Unteilbarkeit der habsburgischen Länder festschrieb.

Nach Rudolfs Tod gelang es den beiden 14 und 15 Jahre alten Brüdern Albrecht III. (1350–1395), Herzog von Österreich, und Leopold III. (1351–1386) nicht, diesen Plan fortzuführen. In den ersten Jahren verfolgten sie gemeinsam eine aktive Politik in Nordostitalien. Sie versuchten, in den Konflikt zwischen der Republik Venedig und der Stadt Triest einzugreifen, und unterstützten letztere 1369 militärisch, unterlagen aber und zogen sich zurück. Später verbündeten sie sich mit der Familie der Da Carrara gegen Venedig und erhielten dafür im Gegenzug die Gebiete um Feltre, Belluno und Cividale. Mit dem Tod des Grafen von Görz und Istrien übernahmen sie dessen Besitztümer und einen Teil des Karst.

Nach diesen Eroberungen kam es zwischen den beiden Brüdern zu immer stärkeren Interessenskonflikten und Differenzen hinsichtlich der Rechte an den gemeinsamen Gütern, sodass das politische Gleichgewicht kaum noch zu halten war. Angesichts einer derart geschwächten Regierung konnten die separatistischen Bestrebungen einzelner Länder immer stärker werden. Die bis dahin von der überstaatlichen Macht

Arsenal von Venedig, *Miniatur, Venedig, Biblioteca Marciana. Der Begriff* Arsenal *leitet sich aus dem arabischen* dārsinā'a, *»Arbeitsstätte«, ab und bezeichnet die Hafengebäude mit dem Zeughaus und den Schiffswerften.*

Das Schicksal Österreichs

Siegel von Albrecht III. und Leopold III.
Das Sigillum, *eine Verkleinerungsform von* Signum, *garantierte die Echtheit eines Dokuments. Von großer Bedeutung waren die zumeist aus Blei gearbeiteten päpstlichen Siegel oder Bullen, die entweder direkt auf der Urkunde angebracht, oder mittels einer Hanf- oder Seidenschnur daran befestigt wurden, wobei dies im komplizierten mittelalterlichen Kanzleiwesen jeweils unterschiedliche Bedeutung hatte.*

einer Dynastie ausgehende politische Initiative ging nunmehr auf die einzelnen Länder über. Eine Aufteilung der Erbgüter war somit unvermeidlich. Albrecht und Leopold teilten sich daher die Ländereien und sicherten sich gegenseitig die Rechte einer möglichen Erbfolge sowie Vorzugsrechte und den Schutz der minderjährigen Kinder zu.

Die Aufspaltung in die albertinische und die leopoldinische Linie wurde 1379 mit dem Vertrag von Neuberg ratifiziert.

Albrecht erhielt Ober- und Niederösterreich, Leopold bekam die Steiermark, Kärnten, die Krain, Istrien, Tirol, die Gebiete des Oberrheins sowie die jüngsten Neuerwerbungen in Italien.

Triest als österreichischer Hafen

Das 1464 von Friedrich III. an Triest übergebene Wappen.

1382 traf eine Gesandtschaft der freien Stadt Triest im österreichischen Graz mit Herzog Leopold III. zusammen. Die Stadt fühlte sich durch die Expansionsbestrebungen der Republik Venedig sowie durch deren Monopolpolitik über die Adria bedroht und bat Österreich um Schutz. Leopold schloss einen für das Herzogtum vorteilhaften Vertrag und erhielt, im Gegenzug für die politische und militärische Unterstützung der Stadt, die gesamtem Zolleinnahmen, die Hälfte der Bußgelder sowie einen bestimmten jährlichen Anteil an landwirtschaftlichen Produkten, vor allem Wein. Der Herzog versprach, die städtische Struktur von Triest, ihre Verwaltung und die entsprechenden Ämter unangetastet zu lassen. Letztlich wurde die Stadt aber in ihrer Funktion als offizieller Hafen Österreichs dem Herzogtum angegliedert. Vier Jahre später, 1386, starb Leopold in der Schlacht bei Sempach, mit der er einen der unzähligen Aufstände in den Schweizer Kantonen hatte niederschlagen wollen.

Die albertinische Linie

In der ersten Hälfte des 15. Jh. ist die Geschichte des Hauses Habsburg durch die extrem instabilen Beziehungen zwischen den jeweiligen Angehörigen der einzelnen Linien und Bündnisse geprägt. Häufig übernahmen Angehörige einer Linie die Regentschaft für minderjährige Herrscher der anderen Linie, und es kam zu einer Verwirrung der Machtbefugnisse.

Albrecht III., der wegen eines dicken, langen Zopfes, den er wie einen Schal um den Hals trug, auch als »der mit dem Zopf« in die Geschichte einging, übernahm beim Tod des Bruders Leopold III. die Vormundschaft seiner vier noch minderjährigen Neffen, den Söhnen von Viridis Visconti. Bis zu deren Volljährigkeit lag die Regierung über die gesamten Gebiete der Familie in seinen Händen.

In jenen Jahren war der Staatshaushalt, auf Grund der häufigen Kriege und der dazu nötigen zahlreichen belastenden Anleihen bei einigen wohlhabenden Feudalherren, sehr hoch verschuldet.

In dieser Situation konnte der Partikularismus der Provinzen erstarken, wodurch die Zentralregierung weiter in die Krise getrieben wurde. Um seine Macht und sein Ansehen zurückzugewinnen, konzentrierte Albrecht seine Kräfte auf zwei unterschiedliche Maßnahmen. Er erhob auch für den Klerus Steuern und er kämpfte, zusammen mit den deutschen Kurfürsten, gegen

Szene aus einem Hochzeitsbankett, 15. Jh.

Das Schicksal Österreichs

Die Niederwerfung der Kreuzritter durch Bayezid I. in der Stadt Nicopolis an der Donau von 1396, *osmanische Miniatur*.

das Heer von Wenzel IV., König von Böhmen, und römisch-deutscher König. Dieser hatte es gewagt, den Herzog von Mailand Gian Galeazzo Visconti zu seinem Erben zu ernennen.
Beide Maßnahmen erwiesen sich als verhängnisvoll. Die erste führte zu seiner Exkommunizierung durch Papst Bonifatius IX., die zweite endete 1395, ebenso wie bei seinem Bruder, mit dem Tod auf dem Schlachtfeld.

Albrecht und die Türken
Nach dem Tod von Albrecht III. setzte sich die albertinische Linie mit dessen

Cristoforo Buondelmonti, Konstantinopel kurz vor der Eroberung durch die Osmanen, *15. Jh., Venedig, Biblioteca Marciana*.

Sohn Albrecht IV., Herzog von Österreich (1377–1404), gen. der Geduldige, fort. Zusammen mit seinem Vetter Wilhelm, dem Sohn von Leopold III., übernahm er die Regierung. Sein Nachfolger Albrecht V. (1397–1439) heiratete die Tochter des Kaisers Sigismund von Luxemburg und konnte auf diese Weise den Titel des römisch-deutschen Königs sowie des Königs von Böhmen zurückgewinnen. Darüber hinaus war er der erste Habsburger, der die ungarische Krone erlangte.
Wegen seiner imposanten, würdevollen Erscheinung und seinem Ruf als starker Mann und fähiger Politiker war Albrecht V. bei seinen Untertanen beliebt und geachtet. Seinen Versuch, den Einmarsch des osmanischen Heeres unter Sultan Murad I. auf dem Balkan zu stoppen, konnte er nicht zu Ende führen, da sich in beiden Heeren eine schwere Darminfektion ausgebreitet hatte, die ihn zum Rückzug zwang und der er selbst, während seiner Rückkehr nach Wien, erlag.

29

Ladislaus Postumus

Mit dem Tod von Albrecht V. ging das Herzogtum Österreich sowie die römisch-deutsche Königs- bzw. Kaiserkrone auf die leopoldinische Linie und somit auf den Vetter Friedrich III. über. Albrechts Sohn Ladislaus Postumus (1440–1457), der diesen Beinamen trug, weil er nach dem Tod des Vaters auf die Welt kam, erbte dagegen von der Mutter die böhmische und die ungarische Krone, die ihm jedoch erst 1445 bzw. 1448 zuerkannt wurden.

Angesichts seines zarten Alters stand er, entsprechend des Familienstatuts, unter der Vormundschaft des älteren Herzogs von Österreich, der Steiermark und Kärnten sowie römisch-deutschen Königs, Friedrich III. Dieser übernahm die Regentschaft der böhmischen und ungarischen Krone. Der dort ansässige Adel, der entschlossen für die eigene Autonomie eintrat, akzeptierte ihn jedoch niemals wirklich. In Ungarn wurden die nach Unabhängigkeit strebenden Partisanen von dem Adligen Johann Hunyadi (1387– ca. 1456) angeführt, der bereits unter Albrecht V. Kommandant des Heeres zur Verteidigung der siebenbürgischen Grenzen gegen die Osmanen war. In Böhmen hatte der adlige Hussit Georg von Podiebrad (1420–1471) diese Aufgabe übernommen. Als Friedrich III. 1452 von einer ungarischen Gesandtschaft in

seinem eigenen Wohnort belagert wurde, übergab er die Vormundschaft des noch heranwachsenden Königs an einen Onkel des Jungen mütterlicherseits, den mächtigen Grafen Ulrich II. von Cilli. Ladislaus, der zwar intelligent war, aber einen noch wenig gefestigten Charakter hatte, wurde zum Spielball in den Händen des Onkels und des ungarischen Adels. Die starke Einmischung des Grafen Ulrich II. in die Regierungsangelegenheiten führten zu einer gewaltsamen Reaktion seitens Hunyadis und seiner Gefolgsleute, die schließlich 1456 mit der Ermordung Ulrichs endete.

Um dieselbe Zeit verstarb auch Johann Hunyadi, der Nationalheld im Kampf gegen die Osmanen und für die Unabhängigkeit von den Habsburgern. Um den Tod des Onkels Ulrich II. von Cilli zu rächen, ließ König Ladislaus den Sohn Hunyadis enthaupten, worauf sich der ungarische Adel erhob und den König zur Flucht zwang. Ladislaus erreichte Prag, wo man mit den Vorbereitungen für seine Hochzeit mit der Tochter des Königs von Frankreich, Karl VII. beschäftigt war. Aber wenige Tage vor der Eheschließung verstarb er plötzlich. Angesichts der mysteriösen, niemals geklärten Umstände seines Todes entstand im Volksmund die Legende, er sei wegen der Feindseligkeiten eines Ministers oder der Eifersucht einer

Das Schicksal Österreichs

Der Veitsdom ist die größte Kirche Prags, die sowohl als Grabstätte der böhmischen Könige als auch als Aufbewahrungsort der königlichen Schätze dient. In der Krypta wurde Ladislaus Postumus beigesetzt.

von ihm verlassenen Geliebten vergiftet worden. Vielleicht starb er aber ganz einfach an einer Krankheit. Der Tod von Ladislaus kennzeichnete für Ungarn das Ende der habsburgischen Herrschaft. Die aufständischen Adligen hoben Matthias Corvinus, den jüngsten Sohn von Johann Hunyadi, auf den Thron ihres Landes. Ladislaus hatte keine Erben und so bedeutete sein Ende auch das Ende der albertinischen Linie.

Matthias Corvinus

Matthias Corvinus (1440–1490) wurde nach dem Tod von Ladislaus Postumus von einer Versammlung ungarischer, den Habsburgern gegenüber feindlich gesinnter Adliger zum König von Ungarn gewählt.
Er verteidigte die südlichen Provinzen gegen das osmanische Reich und versuchte, mit Unterstützung von Papst Pius II. und der Republik Venedig, vergeblich einen europäischen Kreuzzug gegen die Osmanen unter Mehmed II. ins Leben zu rufen. Bei dem Versuch, die Gunst der Kurfürsten zu erlangen und sich als Nachfolger von Friedrich III. zum römisch-deutschen König und Kaiser krönen zu lassen, kämpfte er auch gegen die hussitische Bewegung, vertrieb den böhmischen König Georg von Podiebrad und nahm selbst den böhmischen Thron ein. Er besetzte Österreich und die Stadt Wien, um Friedrich III. dessen Schwäche zu demonstrieren und ihn dazu zu zwingen, bei den deutschen Fürsten um militärische Unterstützung zu ersuchen. Der ehrgeizige Plan, die Kaiserkrone zu erlangen, scheiterte, aber die umsichtige Regierungsweise von Matthias, die Rechts-, Steuer- und Militärreformen sowie sein Mäzenatentum ließen ihn zu einer der genialsten Persönlichkeiten der europäischen Renaissance werden.

Ein Jahrhundert der Überraschungen

Als eine Folge extremer Machtzersplitterung waren das Ende des 14. Jh. und die ersten Jahrzehnte des 15. Jh. für die habsburgischen Besitztümer durch die große Schwächung der herzoglichen Macht gegenüber dem Adel gekennzeichnet.

Mit dem Tod Leopolds III. wurde die bereits zuvor von der albertinischen Linie abgespaltene leopoldinische Linie ein weiteres Mal geteilt, und zwar zwischen den beiden Brüdern Friedrich IV., Graf von Tirol, der den Beinamen »der mit den leeren Taschen« trug, und Ernst dem Eisernen, Graf der Steiermark, Kärntens und der Krain. Darüber hinaus waren auf Grund mangelhafter Strategien, einer ungeschickten Bündnispolitik und misslungener außenpolitischer Interventionen zahlreiche Expansionsversuche der verschiedenen Herzöge und Grafen fehlgeschlagen.

Das Schicksal des Hauses Habsburg schien in Bahnen zu verlaufen, die sich weit von den ehrgeizigen Plänen der Gründerväter entfernt hatten. Die Ereignisse der zweiten Hälfte des neuen Jahrhunderts sollten diese Entwicklung jedoch auf unerwartete Weise zu einer Wende bringen. Mit Friedrich III. (1415–1493) und seinem Sohn Maximilian I. (1459–1519) wurden die Grundlagen für die zukünftigen Gebietserweiterungen des Hauses geschaffen, die habsburgischen Besitztümer geeint und die Krone des Heiligen Römischen Reiches endgültig wiedererlangt.

Friedrich III.

1440 wurde Friedrich, der bereits Erzherzog von Niederösterreich war, von den Kurfürsten zum römisch-deutschen König gewählt und erhielt 1452, während einer feierlichen Zeremonie in

---

Friedrichs Akronym

Friedrich ließ all seine Besitztümer, seine Bücher und Wohnstätten mit dem Zeichen AEIOU versehen und forderte so die schärfsten Geister zu einer Deutung heraus.

Es heißt, dem Herrscher seien 138 Erklärungen vorgelegt worden, von denen keine der von ihm intendierten Bedeutung – Austriae Est Imperare Orbi Universo, es ist Österreichs Bestimmung,

die Welt zu beherrschen – entsprach. Die bekannteste unter den falschen Erklärungen – Austria Erit in Orbe Ultima – wurde angeblich damals auf unterschiedliche Weise übersetzt. Für die Befürworter der Habsburger bedeutete sie Österreich wird ewig sein, für deren Gegner jedoch Österreich wird das letzte Land von allen sein.

Der Traum von der universalen Monarchie

Jan Hus und die Hussiten

Jan Hus (1369–1415) war ein tschechischer Priester und Gelehrter sowie zeitweiliger Rektor der Universität Prag. Als christlicher Reformer verurteilte er aufs schärfste die Korruption und den Reichtum des Klerus und trat für die Konfiszierung der Kirchengüter, die Belangung öffentlicher Vergehen und die Verwendung der tschechischen Sprache bei Predigten und in der Liturgie ein. Sein religiöser Eifer war mit dem Wunsch gepaart, die tschechische Nation gegen die deutschen Unterdrücker zu verteidigen, die sowohl auf politischer, als auch auf kultureller und religiöser Ebene die Führungsrollen inne hatten. 1415 wurde er durch das Konzil von Konstanz wegen Ketzerei zum Tod durch den Scheiterhaufen verurteilt.

Seine Anhänger, die Hussiten, riefen eine regelrechte Widerstandsbewegung gegen die römisch-katholische Kirche, die Krone des Heiligen Römischen Reiches und die Vormachtstellung der Habsburger ins Leben und verbanden ihren Reformwillen mit dem Kampf für die Unabhängigkeit Böhmens. Der gemäßigte Flügel wurde vom Adel und dem reichen Bürgertum unterstützt. Die Leibeigenen, Handwerker und das Kleinbürgertum vertraten dagegen die radikalere Linie des bewaffneten Kampfes, die sich wiederum in verschiedene, teilweise untereinander verstrittene Bewegungen aufsplitterte. Bei der Wahl des Hussiten Georg von Podiebrand zum böhmischen König war jedoch der gemeinsame Wille zur Unabhängigkeit stärker als die innere Spaltung.

Rom, die Kaiserkrone. Diese Wahl entsprach einer klaren politischen Strategie: Angesichts der separatistischen Bewegung der Hussiten in Böhmen, den Unabhängigkeitsbestrebungen in Ungarn und der Bedrohung durch die Osmanen im Balkan war es sinnvoll, die Führung des Reichs dem Herrscher über die südöstlichen Grenzgebiete anzuvertrauen.

Friedrich III., der die übrigen Habsburger Erben beider Linien sowie all seine Feinde überlebte, schuf die Bedingungen für die Wiedervereinigung des gesamten Familienbesitzes unter der Herrschaft seines Sohnes Maximilian I. Einzige Ausnahme waren die Schweizer Kantone, die mit dem Frieden von 1474 die endgültige Unabhängigkeit erlangten.

Die Hinrichtung des Jan Hus, *Miniatur, 15. Jh.*

33

 Die Habsburger

Verlagerung nach Nordwesten

Die Ehe zwischen Maximilian I. und Maria von Burgund prägte das Schicksal und die politische Linie der Habsburger in den folgenden Jahrhunderten.

Mit den Gebieten Burgund und Flandern übernahmen die Habsburger sowohl die Feindseligkeiten gegen das französische Königshaus der Valois, die bis zu der Eheschließung im Jahr 1770 zwischen der österreichischen Erzherzogin Marie Antoinette und dem zukünftigen König von Frankreich Ludwig XVI. andauern sollten, als auch das gesamte gegen Frankreich gerichtete Bündnissystem.

Durch die Aneignung von Burgund und den angesehenen flämischen Handelszentren, wie Brüssel, Lüttich, Antwerpen, Gent und Brügge wurde darüber hinaus die kaiserliche Macht der Habsburger gefestigt. Ebenso wie deren Gebiete auf dem Balkan einst die Wahl von Friedrich III. zum Kaiser begünstigt hatten, da er das Reich im Osten verteidigen sollte, waren die Habsburger von nun an mit der Aufgabe betraut, das Reich auch im Westen zu verteidigen.

Die habsburgischen Interessen verlagerten sich somit erneut nach Westen und das Haus Österreich kehrte zu einer auf Mitteleuropa konzentrierten Politik zurück.

Die Burg Gravensteen in Gent ist das wichtigste Beispiel militärischer Architektur in Belgien. Gent liegt am Zusammenfluss der Schelde und der Leie und ist seit dem Mittelalter ein wichtiges Zentrum der Teppichweberei.

Der Traum von der universalen Monarchie

Felix Austria

Einer wenig glaubwürdigen Überlieferung zufolge stammt folgender berühmter Ausspruch von dem ungarischen König Matthias Corvinus: *Bella gerant alii! Tu, felix Austria, nube! Nam quae Mars aliis, dat tibi regna Venus.* »Krieg mögen andere Führen, du – glückliches Österreich – heirate! Denn was Mars den anderen verschafft, gibt dir die göttliche Venus.«

Diese Worte sind eine eindeutige Anspielung auf die Heiratspolitik der Habsburger und insbesondere Friedrichs III. Dieser nötigte seinen Sohn Maximilian zur Ehe mit Maria von Burgund, der Tochter von Karl dem Kühnen und reichsten Erbin Europas, und ermöglichte ihm auf diese Weise die Gebietserweiterung der habsburgischen Besitztümer.

Der Orden vom Goldenen Vlies

Die seit dem 11. Jh. entstandenen Ritterorden stellten sich die Verteidigung des Christentums zur Aufgabe. Mit dem Verblassen der Kreuzzugideale wurden sie in den darauf folgenden Jahrhunderten umgewandelt oder von anderen Orden verdrängt, die die Herrschenden zu dem Zweck gegründet hatten, sich eine auserlesene Schar von Getreuen zu schaffen. 1429 wurde in Burgund, auf Initiative von Philipp III. dem Guten, einem Großvater Marias von Burgund, der Orden vom Goldenen Vlies ins Leben gerufen. Marias Ehemann, Maximilian I. von Habsburg, förderte ihn, wegen der durch ihn verfochtenen ritterlichen Ideale, mit großer Begeisterung und machte ihn zum wichtigsten Orden des Hauses Habsburg.

Philipp III. der Gute, Herzog von Burgund (1396–1467), mit der Ordenskette des Goldenen Vlieses. Als Sohn von Johann Ohnefurcht war er im Hundertjährigen Krieg gegen Karl VII. von Frankreich mit den Engländern verbündet.

Die Habsburger

Der letzte Ritter

Maximilian I. (1459–1519) war eine Persönlichkeit mit widersprüchlichen Charaktereigenschaften: Auf der einen Seite hatte er ein unbeständiges, schwärmerisches und verträumtes Gemüt und entwarf die kühnsten Pläne, um seine kaiserliche Würde und seine Rolle als Verteidiger des Christentums zu festigen, auf der anderen Seite legte er einen geschickten, unvoreingenommenen politischen Führungsstil an den Tag, der durch ein Nationalgefühl und den Willen belebt war, das Ansehen der Habsburger um jeden Preis zu steigern. Als Vertreter jener so unruhigen und von großen historischen Veränderungen geprägten Zeit des Übergangs zwischen Mittelalter und Neuzeit, nannte man ihn zu seiner Zeit auch »den letzten Ritter« oder »Vater der Landsknechte«.

Maximilian I. mit Paradeharnisch, *1518, Florenz, Biblioteca Nazionale.*

Der Traum von der universalen Monarchie

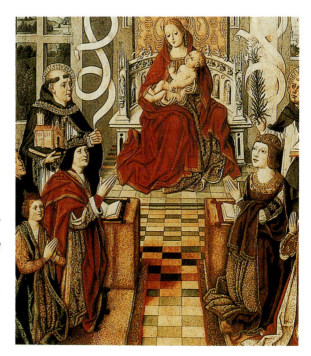

Unbekannter spanischer Meister, Virgen de los Reyes Catolicos. Ferdinand II. von Aragonien und Isabella I. von Kastilien, die auf dem Gemälde vor Maria niederknien, verfolgten eine Politik der nationalen und religiösen Einigung. Sie führten das Inquisitionsgericht ein, um konvertierte Muslime und Juden zu überwachen, und stellten Christoph Kolumbus die Mittel für seine Expedition bereit, die zur Entdeckung Amerikas führen sollte.

1486 wurde er zum römisch-deutschen König gewählt und erhielt 1508 von Papst Julius II. den Kaisertitel. Als Erbe aller drei Habsburger Linien übernahm er die gesamte Verantwortung für die daraus erwachsenden, jeweils unterschiedlichen Interessen.

Mittels der geschickten Verquickung von Kriegen, Bündnissen und Eheschließungen verfolgte er einen umfassenden Expansionsplan. Nach dem Tod des Vetters Sigmund vereinte er Tirol und Österreich, durch seine erste Ehe (1477) erwarb er Burgund und Flandern, nach dem Tod von Matthias Corvinus in Ungarn eroberte er die habsburgischen Ländereien zurück und arrangierte die Ehen zwischen zwei seiner Enkel und den ungarischen bzw. böhmischen Thronfolgern. Durch den Krieg gegen Venedig, die darauf folgende Besetzung von Görz und Verona und schließlich durch die zweite Ehe (1494) mit Bianca Maria Sforza, Tochter des Herzogs von Mailand und Nichte von Ludovico Sforza, gen. »il Moro«, nahmen seine Expansionsabsichten in Italien Gestalt an.

Die Habsburger

Reformer und Mäzen

Albrecht Dürer, Das Rosenkranzfest, *1506, Prag, Národni Galeri. Maximilian, der zum Gebet niederkniet und die Kaiserkrone auf dem Boden abgelegt hat, empfängt von Maria einen Rosenkranz.*

Maximilian I., der sich sowohl der Tragweite seiner politischen Pläne als auch der Unzulänglichkeit der bestehenden Institutionen bewusst war, setzte sich mit großem Reformeifer für den Aufbau einer modernen, den neuen Bedürfnissen angemessenen Verwaltung sowie eines entsprechenden Steuersystems ein. Sein Ziel war es, einen starken, zentralistischen und gegen die partikularistischen Bestrebungen der Provinzen gerichteten Verwaltungsstaat zu schaffen. Dies gelang ihm nicht vollends, da er beim Reichstag auf Widerstand stieß, der ihn 1500, unter der Leitung des Mainzer Bischofs dazu zwang, der Errichtung des Reichsregiments zuzustimmen. Es handelte sich dabei um einen aus zwanzig Mitgliedern bestehenden obersten Rat mit weitreichender Regierungsgewalt. Wenn Maximilian auch mit seiner Verfassungsreform scheiterte, so gelang es ihm doch, die

Der Traum von der universalen Monarchie

Arbeit des Reichsregiments insofern unwirksam zu machen, als dieser nur zwei Jahre nach seiner Gründung nicht mehr tagte.

Maximilian förderte Humanisten und Künstler und zeigte selbst ein reges Interesse an den verschiedenen Künsten. Dem berühmten Humanisten Georg von Slatkonia, der Kantor an der Wiener Hofkapelle sowie am Stephansdom war, gab er den Auftrag, einen Knabenchor zu gründen, der mit seinen klaren, wohltönenden Stimmen die Messen in der Kapelle der Hofburg begleiten sollte. Slatkonia schuf jenen Chor, aus dem sich später die weltberühmten Wiener Sängerknaben entwickelten.

Als Gelehrter und Dichter regte Maximilian dazu an, einen Heldenroman seines eigenen Lebens sowie eine allegorische Beschreibung seiner Ritterabenteuer in Versform zu verfassen. Als er den aus Nürnberg stammenden Maler und Holzschneider Albrecht Dürer (1471–1528) kennen lernte, ernannte er ihn zum Hofmaler und gab ihm Portraits, Gebetsbücher sowie die Konzeption einer allegorischen *Ehrenpforte* in Auftrag, mit der seine Macht und sein Auftrag als Universalherrscher hervorgehoben werden sollten. In Tirol, das nach Maximilians eigenen Worten »das Herz und Schutzschild Österreichs« war, vertraute er Dürer sogar den Entwurf für den Kaiserpalast und sein Grabmonument in Innsbruck an, eine Stadt, der er ein prunkvolles und vornehmes Aussehen verleihen wollte. Mit seinem 1519 erfolgten Tod kamen die laufenden künstlerischen Vorhaben zum Erliegen. Als man die 28 Statuen aus schwarzem Marmor, die für die imposante Grabstätte vorgesehen waren, schließlich fertiggestellt hatte, bewachten sie einen leeren Sarkophag, denn Maximilian war im Wiener Neustädter Dom beigesetzt worden.

Innenansicht der Hofkirche in Innsbruck. Die schwarzen Figuren des Grabmals stellen große historische Persönlichkeiten dar.

Die Habsburger

Erbe eines Traums

Aus der Verbindung zwischen Philipp dem Schönen (1478–1506), Sohn von Maximilian I. und Maria von Burgund, und Johanna, Tochter der katholischen Könige Ferdinand II. von Aragonien und Isabella I. von Kastilien, gingen sechs Nachkommen hervor: die beiden Söhne Karl und Ferdinand und die vier Töchter Eleonore, Isabella, Maria und Katharina. Wenige Monate nach Karls Geburt starb der erstgeborene Sohn und einziger Direkterbe der Katholischen Könige, Johann von Aragonien und Kastilien, und 1506 wurde auch Philipp der Schöne vom Tod ereilt. Seine Frau Johanna, der die Nachfolge zustand, verlor den Verstand. Diese Verkettung von Ereignissen ließ Karl zum Erben der weitsichtigen Politik seines Großvaters Maximilian werden. Unter der Regentschaft seiner Tante Margarete von Österreich wurde er zum Fürsten der burgundischen Herrschaftsgebiete (Flandern, Niederlande, Brabant und Artois) ernannt. Wegen der zahlreichen Textilmanufakturen und dem blühenden Handel zähl-

Die Krönung Karls V., *Fayence, 16. Jh.*

te dieses Gebiet zu den am weitesten entwickelten in Europa.
Als der Großvater mütterlicherseits, Ferdinand II. von Aragonien, 1516 starb und als Alleinerbin die Mutter, Johanna die Wahnsinnige, zurückblieb, sicherte sich Karl die Krone von Aragonien und Kastilien mit den italienischen Besitztümern Neapel, Sizilien und Sardinien sowie den reichen Kolonien in Übersee. Mit dem Tod Maximilians (1519), dem Großvater väterlicherseits, erwarb Karl auch die habsburgischen Herrschafts-

Die Zeit Karl V.

gebiete mit Österreich, der Steiermark, Kärnten, der Krain und Tirol, die reich an Bodenschätzen, wie Steinsalz, Kupfer, Eisen, Quecksilber und Silber waren.

Im selben Jahr ließ er sich als Kandidat für die Kaiserwahl aufstellen. Die Fugger, eine reiche Bankiersfamilie aus Augsburg, liehen ihm gut 850 000 Gulden, damit er sich die Unterstützung der Kurfürsten sichern konnte.

Bei der Versammlung der Kurfürsten in Frankfurt wurde er gegen seinen Rivalen, den König von Frankreich Franz I., zum Deutschen König und Römischen Kaiser gewählt und erhielt im darauf folgenden Jahr, während einer feierlichen Zeremonie in Aachen, als Karl V. die Krone.

Mit ihm stieg das Haus Habsburg zu bis dahin ungeahnter Größe auf.

Der laut Überlieferung von Karl V. stammende Satz: »In meinem Reich geht niemals die Sonne unter« ist eine Anspielung auf den gewaltigen Umfang seines Herrschaftsgebiets.

Margarete von Österreich

Margarete (1480–1530), die Tochter und Vertraute von Kaiser Maximilian, wies auf Grund ihrer großen Geistesgabe, ihres diplomatischen Geschicks und der Liebe zur Kunst eine starke Ähnlichkeit mit dem Vater auf. Als kluge Statthalterin der Niederlande und Burgunds sowie anspruchsvolle Mäzenatin und Dichterin, erlangte sie die Gunst ihrer Zeitgenossen und der Biografen. In der langen Reihe der gebildeten, klugen und geduldigen Frauen, denen in der Habsburger Dynastie als Herrscherinnen und Regentinnen die schwierige Aufgabe des Beratens und Vermittelns zukam, nimmt sie eine herausragende Stellung ein.

Als sich Margarete mit siebzehn Jahren auf die Reise nach Spanien begab, um den Infanten Johann von Aragonien und Kastilien zu treffen, mit dem man sie verheiratet hatte, wurde sie in der Bucht von Biskaya von einem Unwetter überrascht und ließ sich einen Beutel mit Goldmünzen ans Handgelenk binden, mit denen ihr Begräbnis bezahlt werden sollte. Der Beutel enthielt da-

Bernhard von Orley, Margarete von Österreich, (Ausschnitt), Brüssel, Musées Royaux des Beaux Arts.

rüber hinaus ein Pergament mit einer von ihr selbst verfassten, ironischen Grabinschrift, die auf die Ehe mit Karl VIII., dem König von Frankreich, anspielte, mit dem sie im Alter von nur drei Jahren verheiratet wurde und der sie, als sie zwölf Jahre alt war, verstoßen hatte: »Hier ruht das zarte Edelfräulein Margarete, das zwei Bräutigame hatte, aber als Jungfrau starb.«

41

Die Habsburger

Karl V. und der Humanismus

Hans Holbein d.J., Erasmus von Rotterdam, *1523, Paris, Louvre.*

Karl wurde in Gent geboren und wuchs bei seiner Tante und Regentin Margarete von Österreich auf, die den Hof von Burgund zu einem angesehenen, kosmopolitischen Zentrum des Humanismus hatte werden lassen, an dem sich die Künstler und Literaten Nordeuropas begegneten. Der junge Fürst wurde zu den dort herrschenden aristokratischen und ritterlichen Werten erzogen und entsprechend der Tradition des Hauses Habsburg auf seine zukünftige Rolle als Herrscher vorbereitet.

Bereits als junger Mann liebte er Musik, Dichtung und Malerei und entwickelte später eine wahrhafte Leidenschaft für jegliche Form der Kunst. Zwei wichtige Persönlichkeiten des nordeuropäischen Humanismus prägten nachhaltig seine Entwicklung. Der erste, sein Lehrer, war der Geistliche

---

Dichter und Soldat am Hofe Karls

Der berühmte spanische Dichter Garcilaso de la Vega (1501–1536) war Sohn eines Beraters von Karl V. und wuchs am Hofe auf. Mit 18 Jahren wurde er Mitglied der königlichen Garde und stand dem Herrscher bei etlichen militärischen Feldzügen bei. Er schrieb geistreiche Sonette im Stil Petrarcas, wie zum Beispiel Hermosas ninfas que en el rio metidas.

Hermosas ninfas, que en el río metidas,
contentas habitáis en las moradas
de relucientes piedras fabricadas
y en columnas de vidrio sostenidas,
agora estéis labrando embebecidas
o tejiendo las telas delicadas,
agora unas con otras apartadas
contándoos los amores y las vidas;

dejad un rato la labor, alzando
vuestras rubias cabezas a mirarme,
y no os detendréis mucho según ando,
que o no podréis de lástima escucharme,
o convertido en agua aquí llorando,
podréis allá despacio consolarme.

42

Die Zeit Karl V.

> ## Gutierre de Cetina
>
> *Gutierre de Cetina (1520–1557) war ein Schüler von Garcilaso de la Vega. Ebenso wie sein Lehrer schlug er eine militärische Laufbahn ein und kämpfte in Italien und Deutschland für Karl V. Wegen seiner stilvollen Madrigale, geistreichen Sonette und Kanzonen im Stil Petrarcas war er am Hof sehr beliebt. Sein berühmtestes Werk ist das Madrigal* Ojos claros, serenos.
>
> Ojos claros, serenos,
> si de un dulce mirar sois alabados,
> ¿por qué si me miráis miráis airados?
> Si cuanto más piadosos,
> más bellos parecéis a aquel que os mira,
> no me miréis con ira,
> porque no parezcáis menos hermosos.
> ¡Ay, tormentos rabiosos!
> Ojos claros, serenos,
> ya que así me miráis, miradme al menos.

Adriaan Florisz Boeyens von Utrecht und zukünftige Reformpapst Hadrian VI. (1522/23), der ihm eine tiefe und strenge, mit aufrichtigem persönlichem Einsatz gepaarte Religiosität vermittelte. Der zweite, den Karl zu seinem Berater ernannte, war der niederländische Humanist Erasmus von Rotterdam. Als emblematische und charismatische Vermittlerfigur zwischen dem christlichen Gedankengut und der Weltsicht der klassischen Antike, zwischen der italienischen Kultur der Renaissance und dem nordeuropäischen Geist, weckte er in Karl den Traum von einer friedlichen, dauerhaften Ordnung in Europa, die sich auf den Dialog anstelle des Krieges stützen und von der strengen moralischen Führung der christlichen Fürsten getragen werden sollte.

Adrian Florisz Boyens von Utrecht war als Hadrian VI. von 1522 bis 1523 Papst. Mit ihm begann die Reform der Kirche. Er war der letzte nichtitalienische Papst vor Johannes Paul II.

Seine 1515 veröffentlichte Abhandlung *Institutio principis christiani*, die für die religiöse, moralische und politische Bildung der christlichen Fürsten bestimmt war, diente Karl als wichtigem Bezugspunkt für seinen Herrschaftsauftrag und wurde in der Folge zu einem Erziehungshandbuch aller Habsburger Fürsten.

43

Die Habsburger

Der neue Augustus

In seiner Rolle als neuer Augustus und Erneuerer von Ordnung und Frieden entwickelte Karl, den ritterlichen Idealen seiner Erziehung in Burgund und seinem von der spanischen Seite übernommenen Anspruch auf Verteidigung des Christentums entsprechend, die Idee einer universalen, überstaatlichen Monarchie, der es galt, in Rechts- und Glaubensangelegenheiten Einheit und Stabilität zu verleihen. Das Habsburger Herrschaftsideal fand in ihm die höchste Vollendung. Gemäß der gibellinischen Konzeption vom göttlichen Ursprung der Monarchie und dem heiligen Charakter des Monarchen, hatte Karl das Recht und die Pflicht, die Kirche zu beschützen, über sie zu wachen und Missbrauch entgegenzuwirken.

Dementsprechend setzte sich Kaiser Karl, obwohl er auf der einen Seite unermüdlich um die Einheit der Kirche bemüht war und diese verteidigte, auf der anderen Seite vehement für die Unabhängigkeit seines Hauses vom Papsttum ein, zu dem er in einem nahezu ständig gespannten, konfliktbeladenen Verhältnis stand. Der hohe, unauflöslich an den Gedanken der Prädestination des Hauses Habsburg geknüpfte Anspruch an das Amt des Kaisers, als der obersten Herrscherwürde der Christenheit, war der treibende Motor des Denkens und Handelns dieses Kaisers. Bei all seinen Unterfangen, während seines gesamten vielschichtigen und bewegten Lebens, war tatsächlich immer das Religiöse

Papst Paul III. und Kaiser Karl V. treffen sich 1544, um ihr Einverständnis im Kampf gegen Luther öffentlich bekannt zu geben.

Die Zeit Karl V.

mit dem Politischen verquickt. Es war nicht nur der Wunsch und der Wille, einen Traum zu verwirklichen, sondern die durch den Geist der Renaissance geprägte, realistische und verantwortungsvolle Vision einer von der Vernunft beherrschten Welt, die es Karl ermöglichte, sein riesiges Reich zu bewahren. Obwohl die wirtschaftlichen, finanziellen und militärischen Mittel alle anderen europäischen Herrschaftsgebiete übertrafen, gab es doch von Beginn an zahlreiche Schwächen und Hürden. An erster Stelle sei hier die Vielzahl der unterschiedlichen Rechtsinstitutionen und Rechtssprechungsverfahren genannt, gefolgt von der Notwendigkeit, auf Regenten zurückzugreifen, den zahlreichen Unabhängigkeitsbestrebungen, den gewaltigen Spannungen innerhalb Deutschlands im Zuge der Verbreitung der Ideen Luthers, der immer stärker werdenden Bedrohung durch die Osmanen im Balkan und dem Mittelmeerraum sowie dem erbitterten Konflikt mit Frankreich um die italienischen Besitztümer und die Vorherrschaft in Europa.

Tizian, Karl V. im Lehnstuhl, 1548, München, Alte Pinakothek. Der zutiefst menschliche Ausdruck des vor einer herbstlichen Landschaft sitzenden Kaisers lässt dieses Portrait zu einem außergewöhnlichen Werk werden.

45

Die Habsburger

Der Konflikt mit Frankreich

Portrait von Franz I., König von Frankreich.

Sowohl Karl V. als auch Franz I., König von Frankreich, hielten den Besitz des Herzogtums Mailand für unabdingbar. Karl wollte auf diese Weise sein mitteleuropäisches und sein spanisches Herrschaftsgebiet miteinander verbinden, Franz dagegen die Umzingelung durch die Habsburger vermeiden. Auslöser des Krieges zwischen den beiden Mächten war Karls Vertreibung der Franzosen aus Mailand, wo er Francesco II. Sforza, den Erben von Ludovico Sforza, einsetzte. Die Republik Venedig und die Schweizer Kantone verbündeten sich mit Franz I., auf Karls Seite standen dagegen Papst Leo X. und England. Nach wechselhaften Ereignissen endete der Krieg schließlich 1525 mit der Niederlage von Franz I. in Pavia. Der König von Frankreich wurde als Gefangener nach Madrid gebracht und nur unter der Bedingung freigelassen, auf das Herzogtum Mailand zu verzichten. Kaum war er frei, nahm er jedoch seine Pläne wieder auf und knüpfte neue Bündnisse. Mit Unterstützung der Republik Venedig, des neuen Papstes Clemens VII., Mailands, der Medici und Englands gründete er die Liga von Cognac gegen die Habsburger.

In Folge dieser Umkehrung der Bündnisse drangen die Landsknechte, die Soldaten des Kaisers, nach Rom vor und plünderten die Stadt im Mai 1527. Im Jahr darauf erreichte das französische Heer Neapel und belagerte es. Da jedoch der genuesische General Andrea Doria abtrünnig wurde und der Versuch misslang, die Spanier aus Mailand zu vertreiben, musste die Liga den Konflikt schließlich beilegen. 1529 unterzeichnete der Papst in Barcelona den Friedensvertrag.

Im Gegenzug für die Rückkehr von Francesco II. Sforza und das Wiedersetzen der Medici in Florenz, wo man 1527 erneut die Republik ausgerufen hatte, setzte sich der Papst für die Zahlung eines Tributs an Karl ein und

Die Zeit Karl V.

bestätigte dessen Kaisertum, indem er ihm eigenhändig die Krone verlieh. Mit dem Frieden von Cambrai vom August desselben Jahres verzichtete der König von Frankreich auf seine Rechte über die Gebiete um Mailand und Neapel. Im Jahr darauf kapitulierte Florenz nach zehnmonatiger Belagerung durch die kaiserlichen Truppen. Karl überließ die Stadt dem Herzog Alessandro de' Medici und gab ihm seine Tochter Margarete zur Frau.

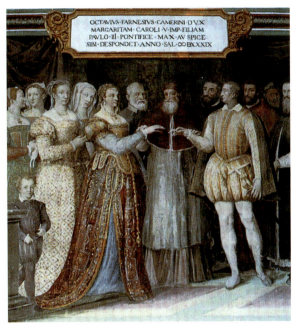

(oben) Taddeo Zuccari, Ottavio Farnese und Margarete von Österreich, *1559, Caprarola, Palazzo Farnese*

(unten) Giorgio Vasari, Das Feldlager von Karl V. während der Belagerung der Stadt Florenz vom Oktober 1529 bis März 1530 *Florenz, Palazzo Vecchio, Salone dei Cinquecento.*

47

Die Habsburger

Die Reformation

1517 veröffentlichte der Augustinermönch Martin Luther in Wittenberg 95 Thesen, in denen er die Kirchenpraxis der Gelübde, Pilgerfahrten und Ablässe kritisierte. Er war davon überzeugt, dass mangelhafter Glaube sich nicht durch Taten kompensieren lasse. 1518 wurde er von Papst Leo X. der Ketzerei bezichtigt, doch Luther lehnte es nicht nur ab, seine Thesen zurückzuziehen, sondern verneinte darüber hinaus sogar den Primat des Papstes sowie die Unfehlbarkeit der Kirchenkonzile und erklärte die Heilige Schrift zur alleinigen Glaubensnorm. Daraufhin wurde er 1520 exkommuniziert.

Im darauf folgenden Jahr griff Karl V. in den Konflikt ein und lud Luther, in der Hoffnung auf Beilegung, zum Reichstag von Worms ein. Unter dem Einfluss von Erasmus war auch Karl von der Notwendigkeit einer Kirchenreform überzeugt und hielt eine Abwendung der Kirche vom Luxus und

Lukas Cranach d.Ä., Portrait Martin Luthers, *1543, Florenz, Uffizien.*

die Rückkehr zu christlicher Armut für dringend erforderlich. Seiner Auffassung nach kommt der Mensch nicht wegen äußerlicher Praktiken, sondern auf Grund seines Glaubens und seiner Nächstenliebe ins Paradies. Er wollte jedoch auf keinen Fall eine Kirchenspaltung zulassen. Deshalb bat er Luther darum, seinen Schriften abzuschwören und den Dialog mit dem

---

Der Reichstag

Unter den Institutionen des Reiches, die sich seit Karl dem Großen herausgebildet hatten, war der sogenannte Reichstag die wichtigste. Es handelte sich um eine Versammlung verschiedener Vertreter der einzelnen Stände, in die die mittelalterliche Gesellschaft strikt unterteilt war. Ein Recht auf Teilnahme hatten die Landesfürsten, die weltlichen und kirchlichen Kurfürsten sowie die freien, d. h. von Abgaben befreiten, nicht belehnten Städte. Auch der niedere Adel strebte eine Teilnahme an. Die Bauern waren jedoch ausgeschlossen. Unter dem Vorsitz des Kaisers wurden im Reichstag Fragen zur Außen- und Steuerpolitik sowie zu militärischen Ausgaben entschieden.

Die Zeit Karl V.

Luthers Antwort an Karl V. während des Reichstags zu Worms

»*Da Eure kaiserliche Majestät und Eure Herrlichkeiten eine schlichte Antwort begehren, so will ich eine solche ohne Hörner und Zähne geben diesermaßen: Wenn ich nicht durch Zeugnisse der Schrift und klare Vernunftgründe überzeugt werde – denn ich glaube weder dem Papst noch den Konzilien allein, da es am Tag ist, dass sie des öfteren geirrt und sich selbst widersprochen haben –, so bin ich durch die von mir heiligen Schriften überwunden in meinem Gewissen und gefangen in Gottes Wort; widerrufen kann ich nichts und will ich nichts, weil wider des Gewissen zu handeln weder sicher noch heilsam ist. Gott helf mir! Amen.*«

Papst wieder aufzunehmen. Luther weigerte sich und wurde daraufhin mit der Reichsacht belegt. Seine Ideen entsprachen dem Bedürfnis nach einer wahreren, den Prinzipien des Evangeliums treuen Form der Religiosität. Die harte Kritik an der Korruption innerhalb der Römischen Kirche stieß in Deutschland sowohl in den Städten als auch in den ländlichen Regionen auf große Zustimmung. Nach der Verhängung der Reichsacht durch Karl V. mündete die religiöse Protestbewegung in einen Aufruf an den deutschen Adel, gegen den gemeinsamen Feind, die Kirche in Rom, zu Felde zu ziehen. Auf diese Weise entwickelte sie sich gleichzeitig zu einer Forderung nach der Unabhängigkeit Deutschlands gegenüber dem Kaiserreich. Zahlreiche Städte und einige Herrscher, wie Albrecht von Hohenzollern, der Landgraf von Hessen oder der Kurfürst von Sachsen traten dem protestantischen Glauben bei.

Luther verbrennt am 10. Dezember 1520 die päpstliche Bulle, die seine Thesen verurteilt. Die symbolische Kraft der Handlung kommt auf dieser zeitgenössischen Darstellung gut zur Geltung.

49

Der deutsche Bauernkrieg

Die schwächsten, am stärksten ausgebeuteten Bevölkerungsgruppen, insbesondere die Leibeigenen, nahmen die Reformationsbewegung zum Anlass, weitere soziale Forderungen zu stellen. Zwischen 1524 und 1525 erhoben sich die Aufständischen in zahlreichen deutschen Gebieten vom Schwarzwald bis nach Tirol. Unter der Führung des Täufers Thomas Müntzer stürmten die mit Sicheln, Hacken und Lanzen bewaffneten Bauern Burgen, Kirchen und Klöster.

Luther wollte mit seiner Reformation nicht die bestehende soziale Ordnung umstoßen und verurteilte den Aufstand, der von den deutschen Fürsten blutig niedergeschlagen wurde. Auf dem Reichstag zu Speyer von 1526 musste Karl V., der auf die Einberufung eines Konzils zur Klärung der Situation hoffte, die über Luther und seine Anhänger verhängte Reichsacht aufheben und eine relativ tolerante Haltung an den Tag legen. Als er auf dem Reichstag von 1529 seine Einstellung änderte, löste das bei den Anhängern der Reformation heftige Proteste aus. Der Reichstag zu Augsburg von 1530 endete mit dem feierlichen Bekenntnis zum lutherischen Glauben seitens jener Fürsten, die sich wenig später zum Schmalkaldischen Bund zusammenschlossen. Karl V., der mit der Bedrohung durch die Osmanen und dem Konflikt mit Frankreich beschäftigt war, wurde vorläufig zu einer versöhnlichen Lösung bewogen. Nach dem Reichstag zu Regensburg von 1541, auf dem er versucht hatte, den Streit durch einen Kompromiss beizulegen, bereitete sich der Kaiser auf den Krieg vor und schlug 1547 das Schmalkaldische Bündnis bei Mühlenberg an der Elbe mit seinem von ihm selbst angeführten Heer. Unterdessen war in Trient das große Konzil einberufen worden, das Karl selbst herbeigewünscht hatte, um die religiöse Einheit wiederherzustellen. Auf dem Gipfel seiner Macht

---

Das Testament Karls V. für seinen Sohn Philipp

Karl bekennt seinem Sohn, dass er nach langen, vergeblichen Bemühungen, die Abtrünnigen in Deutschland in den Schoß der katholischen Kirche zurückzuführen, schließlich seine gesamte Hoffnung auf das Konzil gesetzt habe. Er rät ihm für den Fall, dass die dort gefassten Beschlüsse bis zu seinem,

Karls Tod nicht vollständig erfüllt würden, sich aktiv einzumischen und mit Karls Bruder Ferdinand sowie den übrigen mächtigen christlichen Herrschern übereinzukommen, damit das Konzil seine Arbeit fortsetzen und zu Ende führen könne.

Die Zeit Karl V.

berief er 1548, in Begleitung seiner Angehörigen und seines Hofmalers Tizian, den berühmten Reichstag zu Augsburg ein, auf dem er verkündete, die religiöse Einheit des Reiches wiederherstellen und die Reichsverfassung erneuern zu wollen. Darüber hinaus stellte er das politische Testament für seinen Sohn Philipp vor.

Der Aufstand der protestantischen deutschen Fürsten, die unterdessen den neuen französischen König Heinrich II. um militärische Unterstützung gebeten hatten, ebbte nicht ab und kam erst mit dem Augsburger Religionsfrieden von 1555 zu einem Ende. Der Kaiser verzichtete auf die Einmischung in die inneren Angelegenheiten des Christentums, den protestantischen Fürsten wurde Religionsfreiheit gewährt und den Untertanen, die sich nicht mit der Religion ihres Herrschers identifizieren konnten, gestand man das Recht auf Auswanderung zu. Darüber hinaus wurden die Kirchengüter säkularisiert. Damit war der von Karl V. jahrelang verfolgte große Plan zur Versöhnung gescheitert. Der Augsburger Religionsfrieden bedeutete gleichzeitig eine politische Niederlage für das Reich. Die Landesfürsten waren durch die Kirchenspaltung und die Aneignung der ungeheuren Besitztümer von Klöstern, Abteien und Bistümern sehr gestärkt worden. Zu ihrer bisherigen Macht über bestimmte Gebiete kam nun das Recht hinzu, über die Konfession der eigenen Untertanen und den dazugehörigen Kirchenapparat bestimmen zu können.

Tizian, Karl V. als Sieger von Mühlberg, *1548, Madrid, Prado. Das Bildnis ist in flammenden Rottönen, tiefem Schwarz und eisigem Grau gehalten. Dadurch kommt das präzise, aber wohlwollend dargestellte Gesicht besonders zur Geltung. Durch die unruhige Lichtführung wird eine dichte, fast magische Atmosphäre erzeugt.*

Der große Kreuzzug

Der osmanische Sultan Süleyman I., gen. der Prächtige, verfolgte im 16. Jh. eine Expansionspolitik, die ihn und sein Heer von Janitscharen bereits in den ersten Jahren der Herrschaft Karls V. nach Europa führte.

Er eroberte Belgrad und Rhodos (1521/22), besetzte einen großen Teil Ungarns (1526), plünderte Budapest und tötete den Schwager der Kaisers, König Ludwig II. von Ungarn.

1529 drang er sogar bis zu den Stadtmauern von Wien vor. Darüber hinaus dehnte der Sultan sein Herrschafts-gebiet an der Nordküste Afrikas aus, indem er ein Bündnis mit dem als Barbarossa bekannten Piraten Khair ad-Din einging, der von Algier aus mit seinen Überraschungsangriffen immer wieder die östliche Mittelmeerküste heimsuchte.

Auf dem Gipfel seiner Macht schien für Karl V. endlich der Augenblick gekommen, den unvergessenen Traum seines Großvaters Maximilian zu verwirklichen und einen großen Kreuzzug gegen den Islam ins Leben zu rufen.

Mit der Unterstützung von Papst Paul III. versammelte er 1535 in Barcelona eine riesige, multinationale Flotte, mit der er das Mittelmeer überquerte, an der Küste Afrikas an Land ging, Barbarossa angriff und besiegte und schließlich Tunis eroberte. Da Karl V. sehr mit den innereuropäischen Konflikten beschäftigt war, konnte er die eroberten afrikanischen Gebiete nicht lange halten. Die Eroberung selbst wurde jedoch wie ein großartiger Triumph der Christenheit gefeiert.

Süleyman der Prächtige führt das Kommando während der Belagerung von Rhodos von 1522, *Osmanische Miniatur aus dem Hünername (Buch der Heldengedichte) von Lokman, 1584–1588, Istanbul, Bibliothek des Topkapi Sarayi.*

Die Zeit Karl V.

Janitscharen und Landsknechte

Die Janitscharen waren eine seit 1329 bestehende, strenger Disziplin unterworfene Elitetruppe osmanischer Soldaten.

Sie wurden unter christlichen Gefangenen und jenen jungen Männern rekrutiert, die man den Familien in den vom Reich unterworfenen Balkanländern entzogen hatte. Sie mussten zum Islam konvertieren, die osmanische Sprache lernen und wurden zu erbitterten Verteidigern des Islams ausgebildet.

Sie waren das wichtigste Werkzeug im Kampf der osmanischen Sultane gegen die häufig zusammengewürfelten christlichen Heere. Mit der Zeit ließ die Disziplin nach, die Korruption unter den Offizieren nahm zu und immer häufiger trugen sie die Verantwortung für gewaltsame Übergriffe und jegliche Form von Schikane. Schließlich gelang es ihnen sogar, das Leben am Hofe zu beeinflussen und Regierungsentscheidungen zu übernehmen. 1826 wurde diese Truppe abgeschafft.

Die Landsknechte waren eine 1493 von Maximilian I. ins Leben gerufene, ausgewählte Truppe von Söldnern, die aus besonders mutigen und fähigen Soldaten bestand. Unter der Führung von dem Adel angehörenden Offizieren, genossen sie eine ausgezeichnete Ausbildung. Sie waren in Regimente und Kompanien eingeteilt. Besonders in der Schlacht bei Pavia (1525) zwischen Franz I. und Karl V. erwiesen sie sich als harte, unerbittliche Gegner. Durch den Einmarsch in Rom von 1527 erwarben sie sich den Ruf als Plünderer. Sie verschwanden am Ende des 17. Jh.

Die Landsknechte, deutsche Söldner, fertigten sich aus ihrer Kriegsbeute bizarre und grelle Kleidungsstücke. Ihre exzentrische Art sich zu kleiden übte einen großen Einfluss auf die Mode der Adligen des 16. Jh. aus. Es handelt sich um einen der seltenen Fälle, in denen die Mode der niedrigeren sozialen Schichten diejenige der höheren beeinflusst.

Die Abdankung

Tizian, Karl V. mit Ulmer Dogge, *1532/33, Madrid, Prado. Unter den zahlreichen, von Tizian geschaffenen Bildnissen Karls V. zählt dieses zu den eher ungewöhnlichen Werken.*

Die 50er Jahre des 16. Jh. kennzeichnen das Ende der humanistischen Bestrebungen Karls V. und seines großen Traums von der geeinten, erneuerten Christenheit.

Erasmus von Rotterdam war gestorben und das Konzil von Trient gescheitert. Die Kämpfe und Spannungen zwischen den Parteien in Deutschland und der nicht beizulegende Konflikt mit Frankreich stellten eine ernsthafte Bedrohung für den Zusammenhalt des Reiches dar. Im Zuge der Gegenreformation und der religiös motivierten Verfolgungen flammten in ganz Europa die Scheiterhaufen auf.

Die von Karl V. konzipierte universale Monarchie erwies sich nunmehr als anachronistisch. Stattdessen konnte sich die spanische Monarchie, mit ihrem fest umrissenen Herrschaftsgebiet und ihrem klar definierten wirtschaftlichen bzw. politischen System, immer stärker durchsetzen.

Karls Streitigkeiten mit seinem Bruder Ferdinand hinsichtlich der Frage der Nachfolge, seine vergebliche Hoffnung auf die Herrschaft über England, angesichts der Tatsache, dass die rechtmäßige Thronerbin Maria I. Tudor, die mit seinem Sohn Philipp verheiratet war, keine Kinder bekommen hatte, der Tod seiner Mutter Johanna der Wahnsinnigen sowie seine eigene, angeschlagene Gesundheit, brachten ihn schließlich dazu abzudanken.

Am 25. Oktober 1555 verkündete Karl, während einer feierlichen Zeremonie in Brüssel und in Anwesenheit seiner An-

Die Zeit Karl V.

gehörigen, den Verzicht auf die Kaiserkrone, auf den Titel des Großmeisters des Ordens zum Goldenen Flies und auf die Herrschaft über die Niederlande. Drei Monate später gab er auch die Herrschaft über Kastilien, Aragonien, Sizilien und die Neue Welt ab.

Als Rückzugsort wählte er das Hieronymiten-Kloster von Yuste, das in einer ruhigen, ländlichen Gegend der Estremadura, umgeben von zahlreichen Wäldern und Gewässern lag.

Er führte kein einfaches Mönchsdasein, sondern verbrachte die letzten drei Lebensjahre in einer herrschaftlichen, dem Kloster angeschlossenen Villa, die er eigens für seinen Rückzug errichtet und bis in die kleinsten Details entworfen hatte.

Bis zum Schluss war er über alle wichtigen politischen Ereignisse im Reich unterrichtet und behielt sich die Rolle des Beraters seiner Kinder und der anderen Regenten vor. Täglich schrieb er Briefe und versendete Botschaften. Er las die Texte seines ehemaligen Lehrers Erasmus, spielte auf seiner kleinen Orgel, die ihn auf allen Reisen begleitet hatte, und widmete sich, als unersättlicher Ästhet, der Betrachtung seiner wertvollen Gemäldesammlung, die später den Ausgangspunkt für den Prado in Madrid bilden sollte. Am meisten schätzte er die Werke seines Hofmalers Tizian.

Am 21. September 1558 starb Karl in Yuste.

Tizian, Danae und der Goldregen, *1553/54, Madrid, Prado.*

Die Nachfolge

Karl V. (1500–1558) und Ferdinand I. (1503–1564), die beiden Söhne von Philipp dem Schönen und Johanna der Wahnsinnigen, lernten sich erst 1517 persönlich kennen, da Karl seine Kindheit und Jugend in den Niederlanden unter der Vormundschaft der Tante Margarete verbracht hatte und Ferdinand bei den Großeltern in Spanien, den Katholischen Königen Ferdinand II. von Aragonien und Isabella I. von Kastilien, aufgewachsen war.

Obwohl die beiden verwaisten Brüder weit voneinander entfernt und in sehr unterschiedlichen Kulturen heranwuchsen, fühlten sie sich immer in ihrem Auftrag geeint, die Interessen des eigenen Geschlechts zu wahren. Allerdings kam es gleich zu Beginn der Machtergreifung durch den erstgeborenen Sohn Karl zu Streitigkeiten um das Erbe und die Aufteilung der Gebiete.

Dabei spielten die Unterschiede des Erbfolgerechts in der österreichisch-habsburgischen Tradition und dem spanischen bzw. burgundischen Hof eine wesentliche Rolle. Im Osten galt das Prinzip der gemeinsamen Erbfolge, im Westen dagegen das Erstgeburtsrecht.

Die Spannungen zwischen Karl und Ferdinand wurden dank der klugen Vermittlung der beiden Schwestern, Maria, Königin von Ungarn, und Eleonore, Königin von Portugal und Frankreich, überwunden. Es gelang ihnen, die beiden Brüder zu gegenseitiger Zusammenarbeit und Ergänzung zu bewegen.

Der Kompromiss

Nachdem Karl 1516 die spanische Thronfolge angetreten hatte, verlagerte sich das habsburgische Machtzentrum nach Westen. Allerdings erforderten die heikle Situation auf dem Balkan und die partikularistischen Bestrebungen der österreichischen Provinzen auch im Osten eine aktive Politik.

Aus diesem Grund, und um den Erbansprüchen des Bruders Ferdinand gerecht zu werden, vereinbarte Karl 1521 auf dem Reichstag zu Worms einen Teilungsvertrag: Ferdinand sollte die fünf Herzogtümer Ober- und Niederösterreich, Steiermark, Kärnten und Krain regieren, Karl dagegen die übrigen Gebiete.

Diese Aufteilung ergab sich aus der Notwendigkeit, das Gebiet von Tirol,

> *In einem Bericht des venezianischen Gesandten Pasqualigo, Gast am Hof von Madrid, wird Karl V. als nicht sehr groß, ziemlich mager, blass und schwermütig beschrieben. Sein Mund, heißt es dort, stehe immer offen und er drücke sich unbeholfen und schwerfällig aus.*

Die Zeit Karl V.

zu dem die wichtige Brenner-Straße gehörte, sowie den Herrschaftsbereich von Friaul und Istrien, den Ausgangspunkt für die Expansionspolitik in Italien, in den Händen des Kaisers zu belassen. Ebenso entscheidend war die Überlegung, dass Ferdinand, um seine Ansprüche auf Böhmen und Ungarn geltend machen zu können, auf die wirtschaftliche und militärische Unterstützung der Ostgebiete des Reiches angewiesen war.

Karl vereinbarte deshalb 1522 in Brüssel einen zweiten Vertrag: Ferdinand sollten alle Ländereien vom Elsass bis nach Ungarn, einschließlich jener in Italien und Istrien zufallen. Im

Gegenzug musste er auf die spanische und die burgundische Nachfolge verzichten. Damit war der Grundstein für die zukünftige Unterteilung in die spanische und die österreichische Linie sowie die Wahrung der Rechte Ferdinands auf den Kaiserthron gelegt. Der Kompromiss sah vor, dass die Nachfolge auf den Kaiserthron abwechselnd den beiden Linien zufiel: Auf Karl sollte Ferdinand folgen, auf diesen wiederum Philipp II., der Sohn Karls V., und nach ihm der älteste Sohn Ferdinands, Maximilian II.

El Greco, Anbetung des Namen Jesu (Traum Philipps II.), *um 1580, El Escorial, Klosterresidenz San Lorenzo el Real de El Escorial. Das Gemälde des in Kreta geborenen, als El Greco bekannten Malers Dominikos Theotokópulos (1541–1614) ist ein gutes Beispiel für den visionären Stil, der sein Spätwerk kennzeichnet.*

57

Die Habsburger

Wien und Madrid

Durch den Augsburger Religionsfrieden hatte sich das habsburgische Vorhaben zerschlagen, die Einheit der Kirche in Deutschland wiederherzustellen, das Reich in eine Erbmonarchie umzuwandeln und eine dauerhafte Hegemonie zu errichten.

Auch der Plan Karls V. hinsichtlich seiner Nachfolge war am Widerstand der jüngeren habsburgischen Linie und der protestantischen deutschen Fürsten gescheitert. Ferdinand hatte die Oberhand über ihn und seinen Sohn Philipp II. behalten und sich selbst sowie seinem Erben Maximilian II. die Nachfolge auf den Thron gesichert. Auf der anderen Seite herrschten Philipp II. und seine Nachfolger mit Spanien, dem Königreich Neapel und Sizilien, dem Herzogtum Mailand, der Freigrafschaft Burgund, den Niederlanden und den Kolonien in der Neuen Welt über ein riesiges, ungeheuer reiches Gebiet.

Darüber hinaus übernahm die spanische Linie in den darauf folgenden Jahrzehnten in fast allen Bereichen die Führungsrolle, sei es im Kampf gegen die Osmanen, im Konflikt mit Frankreich oder dem elisabethanischen England, bei den Streitigkeiten mit dem Papsttum oder dem Kampf zwischen Katholizismus und Protestantismus.

Während der Ostteil des Reiches durch die osmanische Bedrohung, durch den Widerstand der Landtage und durch den Religionskonflikt wirtschaftlich und militärisch geschwächt wurde, setzte sich unter Philipp die spanische Hegemonie in Europa durch. In der gesamten zweiten Hälfte des 16. Jh. behielt die spanische Linie gegenüber der österreichischen die Vorherrschaft. Das unterschiedliche Ansehen und die ungleiche Verteilung der Aufgaben führten zu starken Spannun-

Innenhof der Hofburg, des Kaiserpalastes in Wien, der den österreichischen Herrschern seit dem 13. Jh. als Residenz diente.

Die Zeit Karl V.

gen und Konflikten zwischen den beiden Zweigen. Um das Auseinanderbrechen des Hauses zu vermeiden, griff man auf die altbewährte Habsburger Heiratspolitik zurück. Es kam zu einer ganzen Reihe von Eheschließungen zwischen Blutsverwandten beider Linien, die, da sie gegen die kirchlichen Normen verstießen, immer der Zustimmung des Papstes bedurften. So vereinbarten Ferdinand I. und Karl V. die Ehe zwischen ihren Kindern Maximilian und Maria. Die aus diesem Bund hervorgegangene Tochter Anna von Österreich wurde die vierte Frau Philipps II., obwohl sie eigentlich dessen Nichte und Cousine zweiten Grades war.

Das war jedoch nur der Anfang. Im Lauf des Jahrhunderts kam es zu zahlreichen weiteren Eheschließungen, bisweilen regelrechten Inzesten, zwischen Habsburger Familienangehörigen.

Dank dieser komplexen Verwandtschaftsverhältnisse wurden die Habsburger, trotz der Unabhängigkeitsbestrebungen und Rivalitäten zwischen den beiden Höfen, sowohl bei Freunden als auch bei Feinden weiterhin als politische Einheit wahrgenommen.

Die Ankeruhr, die berühmte Wiener Spieluhr, die zu jeder vollen Stunde verschiedene Persönlichkeiten aus der österreichischen Geschichte zeigt.

Strategische Ratschläge Karls V. an seinen Sohn Philipp

Karl bedauert seinem Sohn gegenüber, dass sich Kriege nicht immer vermeiden lassen, insbesondere dann nicht, wenn einem mehrere Staaten unterstehen. Er rät ihm, sich vor allem Karls Bruder Ferdinand und dessen Nachkommen gegenüber wohlgesonnen zu zeigen, um gemeinsam dem möglichen Feind zu begegnen und sich in allen Angelegenheiten zu ergänzen. Besonders am Herzen liegt ihm der Erhalt von Neapel, Sizilien und Flandern, die von ihm und seinen Vorfahren mit Gottes Hilfe gegen Frankreich verteidigt wurden. Er erklärt seinem Sohn, dass wegen der strategischen Lage von Mailand und Piacenza vor allem Italien sehr wichtig sei, und ebenso Flandern, wegen der dem Reich angeschlossenen Provinzen.

59

Die Habsburger

Der Aufstieg Philipps II.

Philipp II. auf einem Bildnis von Anthonis Mor.

Für Philipp II. war die Machtübernahme nach der Abdankung des Vaters nicht ganz einfach. Seinem Wunsch nach Frieden entsprechend, vereinbarte er mit dem König von Frankreich, Heinrich II., einen Waffenstillstand, woraufhin er sich mit den Ansprüchen von Papst Paul IV. konfrontiert sah, der für die Kirche das Königreich Neapel als päpstliches Lehen forderte.

Da Frankreich mit Rom verbündet war, nahm es den Krieg gegen Spanien wieder auf. Philipp II. entsandte daraufhin seine Truppen, unter dem Kommando des Herzogs von Alba, nach Italien sowie, unter dem Kommando von Emanuel Philibert von Savoyen, nach Flandern. Mit großem diplomatischem Geschick erwarb er die Gunst sowohl des Herzogs der Toskana, dem er Siena überließ, als auch des Herzogs von Parma, dem er Piacenza in Aussicht stellte.

Nach dem Sieg der Spanier in der Schlacht von Saint-Quentin im Jahr 1557 begannen die Friedensverhandlungen, die 1559 mit dem Frieden von Cateau-Cambrésis zu einem Abschluss kamen. Mit diesem Vertrag war die Vorherrschaft Spaniens in Europa und Italien besiegelt.

Frankreich bekam die drei Bistümer Metz, Toul und Verdun mit dem Hafen von Calais. Emanuel Philibert erhielt die gesamten savoyischen Herrschaftsgebiete zurück. Philipp wurden endgültig die Königreiche Neapel, Sizilien und Sardinien, das Herzogtum Mailand sowie der sogenannte Stato dei Presidi zugesprochen, ein Gefüge städtischer Bollwerke in der Toskana, das in dem Kommunikationssystem zwischen dem Königreich Spanien und Süditalien eine wichtige Rolle spielte.

Die Ehen des Kaisers

Bei der Wahl von Philipps ersten Ehefrauen, die durch die Machtinteressen des Hauses Habsburg bestimmt war, übte der Vater einen entscheidenden Einfluss aus.

1543 heiratete Philipp als 17jähriger Prinzessin Maria von Portugal, die bereits zwei Jahre später verstarb. Aus dieser Ehe stammt der berühmte Sohn Don Carlos, der geistig minderbemittelt war und vom eigenen Vater hinter Gitter gebracht wurde, wo er bald darauf starb.

Die zweite Ehefrau war Maria I. Tudor, auch »die Katholische« oder »die Blutige« genannt, die nach dem Tod von Eduard VI. Königin von England wurde. Diese 1554 geschlossene Ehe hatte nach den Plänen Karls V. einen doppelten Zweck: Zum einen sollte durch sie, nach der Abspaltung der anglikanischen Kirche, der Katholizismus in Großbritannien wieder erstarken und zum anderen die Einflusssphäre der Habsburger auch auf dieses Land ausgeweitet werden. Maria I. Tudor starb vier Jahre später noch sehr jung und ohne Nachkommen. Damit waren Karls Pläne vernichtet.

Philipps dritte Ehe mit Elisabeth von Valois, der Tochter des Königs von Frankreich, Heinrich II., sollte dazu dienen, den Frieden von Cateau-Cambrésis zwischen Spanien und Frankreich zu verfestigen. Aus dieser Ehe gingen nur zwei Töchter, Isabella Clara Eugenia und Katharina Michaela hervor.

Als Elisabeth 1568 starb, fehlte Philipp immer noch ein männlicher Erbe, da der Erstgeborene Carlos bereits gestorben war.

So kam es zu einer vierten Ehe. Mit der Erlaubnis des Papstes wurde Anna von Österreich, eine Tochter des Cousins Maximilian II. ausgewählt, die der spanischen Krone endlich den lang ersehnten männlichen Nachfolger, den zukünftigen Philipp III. schenkte.

Die Habsburger

Der kluge König

Philipp II. auf einem Bildnis von Tizian.

Philipp II., dessen gesamtes Leben durch die Autorität des Vaters geprägt war, hielt sich strikt an die Lehren und Ratschläge, die ihm dieser durch Briefe, Memoranden und in seinem Testament vermittelte.

Er erhielt den Beinamen »el Prudente«, der Kluge, da man ihm Weisheit und Urteilsvermögen zuschrieb. Diese Eigenschaften waren für einen Herrscher, dem es wie ihm in erster Linie um Pflichterfüllung, um die Achtung der christlichen Moral und die Vernichtung der Glaubensfeinde ging, von grundlegender Bedeutung. Sein Leben als Mensch und Monarch war von dem Bewusstsein geprägt, für ein Volk, das Gott ihm anvertraut hatte, verantwortlich zu sein, für Frieden und Gerechtigkeit sorgen und eines Tages Gott Rechenschaft ablegen zu müssen. Verantwortungsbewusstsein, das gründliche Abwägen jeder Entscheidung, die gewissenhafte Leitung der Staatsgeschäfte und die peinliche Genauigkeit bei allen bürokratischen Angelegenheiten waren für ihn das Mittel, mit dem sich die lange Familientradition fortsetzen und die Anweisungen des Vaters umsetzen ließen. Philipps Leben und seine politischen Entscheidungen waren jedoch nicht frei von zum Teil erheblichen Widersprüchen. Neben dem Bild des gewissenhaften Königs ist uns auch das des unnachgiebigen und unerbittlichen Verfolgers, des misstrauischen, eifersüchtigen und rachsüchtigen Herrschers überliefert, der mit dem Heer und der Inquisition regierte. Obwohl die Gerechtigkeit, die laut Erasmus das oberste Ziel eines wahren christlichen Herrschers sein muss, für Philipp das Prinzip war, nach dem er all seine Entscheidungen und Handlungen auszurichten versuchte, schien seine Politik sowohl in den Augen seiner Zeitgenossen als auch im Nachhinein eher der Staatsräson nach dem Vorbild

Die Zeit Karl V.

Machiavellis zu entsprechen. Das bezeichnendste Beispiel für diesen Widerspruch liefert uns das tragische Schicksal seines Sohnes Don Carlos, der aus der ersten Ehe mit Maria von Portugal hervorging. Er kam 1545 mit einer geistigen Behinderung zur Welt. Am 18. Januar 1568 beschlagnahmte der König die Waffen des Sohnes und ließ ihn gefangen nehmen. Den Bischöfen, Granden, Kanzleien und Stadträten ließ er mitteilen, dass er diese Entscheidung im Namen Gottes und zum Wohle aller getroffen habe. Nur wenige Monate später starb der junge Mann, der sich keinerlei Gewalttat hatte zu Schulden kommen lassen. Philipps Verschlossenheit und die stolze Zurückhaltung, mit der er seinen Schmerz gegenüber der Welt verbarg, ließen den Verdacht aufkommen, der unglückselige junge Mann sei im Auftrag des Vaters umgebracht worden. Diese traurigen Ereignisse brachten Historiker und Dichter der Aufklärung dazu, die Figur Philipps II. in den düstersten Farben zu beschreiben. Auch Schillers berühmte Tragödie *Don Carlos* und die gleichnamige Oper von Giuseppe Verdi sind auf diese Weise inspiriert.

Gemälde aus den Niederlanden (1614) mit der allegorischen Darstellung der religiösen Situation in Europa. Ein Fluss bildet die Grenze zwischen zwei Lagern. Auf der linken Seite sieht man die Anhänger der verschiedenen Strömungen des Protestantismus, auf der rechten Seite die Katholiken. Von den Booten auf dem Fluss aus versuchen beide Lager neue Gläubige »zu angeln«. Im Hintergrund erscheint, als möglicher Hoffnungsschimmer, der Regenbogen, das Symbol für Einheit und Frieden.

 Die Habsburger

El Escorial

Am 10. August 1557 erhielt Philipp die Nachricht vom Sieg seines Heers gegen die Franzosen in der Schlacht bei Saint-Quentin. Es war der der Gedenktag des spanischen Heiligen und Märtyrers Laurentius, und so beschloss Philipp, zum Zeichen des Dankes an den Heiligen, eine Kirche errichten zu lassen. Als er nach Spanien zurückkehrte, verlegte er den Herrschaftsmittelpunkt von Valladolid nach Madrid, das den Vorteil hatte, vollkommen zentral zu liegen. In einiger Entfernung nördlich der Stadt begann er mit dem Bau des *Real Sitio de San Lorenzo de El Escorial*. Den testamentarischen Ratschlägen des Vaters entsprechend, nahm sich Philipp vor, eine autarke, von Mönchen verwaltete Gemeinschaft zu gründen und einen Gebäudekomplex zu errichten, der den königlichen Palast, die Familiengrabstätte, ein Hieronymiten-Kloster mit dazugehörigem Priesterseminar, eine dem hl. Laurentius geweihte Kirche sowie einen Gutshof zum Anbau von Obst, Gemüse und Blumen umfassen sollte. Die Planung der Klosteranlage El Escorial nahm Philipp während nahezu seiner gesamten Regierungszeit in Anspruch. Die komplexe, streng geometrische architektonische Struktur ist Sinnbild der Philosophie dieses Herrschers, seiner unerbittlichen moralischen Strenge und seines unumstößlichen Willens, die alten Werte römischer Disziplin wieder aufleben zu lassen. Philipp wachte mit übertriebener Sorgfalt und Genauigkeit über die Umsetzung seiner Pläne. Er wählte den Ort aus und entwarf gemeinsam mit den Architekten Bauwerke und Innenausstattung. Er gab Gemälde bei den damals angesehensten Künstlern, wie Tizian, Leone Leoni oder El Greco in Auftrag und organisierte die Ausstellung seiner wertvollen Kunstsammlung. Für die Kirche ließ er zahlreiche Reliquien zusammentragen

Die Klosteranlage El Escorial ist gleichzeitig Königspalast, Festung und Familiengrabstätte. In seinem Grundriss erinnert das 208 x 162 Meter messende Gebäude an einen Rost, als dem Marterinstrument des hl. Laurentius.

Die Zeit Karl V.

Hieronymus Bosch, Der Garten der Lüste, Madrid, Prado. Seinem strengen, düsteren Gemüt entsprechend, war Philipp von den bizarren Gemälden dieses Künstlers fasziniert, den seine burgundischen Vorfahren protegiert hatten. Philipp konfiszierte alle ihm nur möglichen Bilder Boschs und brachte sie nach El Escorial.

und acht Orgeln aufstellen, die aus den berühmtesten Werkstätten Europas stammten. Darüber hinaus ordnete er an, dass Mönche, Organisten und Kantoren permanent anwesend zu sein hätten, um gregorianische Musik und Gesänge darzubieten. Er selbst stellte die Regeln auf, nach denen das Alltagsleben und die Instandhaltung des riesigen Komplexes erfolgen sollte, und wachte streng darüber, dass alle sich daran hielten. Als die Arbeiten 1574 abgeschlossen waren, ließ er die Leichname aller andernorts bestatteten Familienmitglieder exhumieren und in Begleitung dreier gewaltiger, prunkvoller Trauerzüge durch Spanien bis nach El Escorial bringen. Die große Zeremonie der Wiederbestattung stellte gleichzeitig die Einweihung des Gebäudes dar.

Die Klosteranlage El Escorial wurde auch zur Herrscherresidenz. Von seinem Schreibtisch aus leitete Philipp die Angelegenheiten seines riesigen Reiches und verschickte unzählige Botschaften und Anweisungen an Kanzleien, Vertrauensmänner, Statthalter und Untertanen. Er antwortete auf zahllose Bittschriften und unterhielt eine rege Korrespondenz mit den Würdenträgern, Beratern, Theologen und Gelehrten, die ihm bei seinen wichtigen politischen Entscheidungen zur Seite standen.

Philipps Religiosität

Ebenso widersprüchlich wie viele andere Seiten seiner Persönlichkeit erscheint in unseren Augen die Religiosität Philipps II.: auf der einen Seite der aufrichtige Glaube und die strenge Befolgung der Andachtsübungen des überzeugten Christen, auf der anderen Seite die absolute Unnachgiebigkeit des katholischen Inquisitors. Als Mönch zwischen den übrigen Hieronymiten-Mönchen, mit einer schlichten schwarzen Kutte bekleidet und als eifriger Besucher der Gottesdienste, begann Philipp seine tägliche Arbeit im Palast des El Escorial mit dem Vortrag jener Gebete, die er, den verschiedenen Kirchenfeiertagen entsprechend, eigenhändig zusammengestellt und geordnet hatte. Darüber hinaus unterhielt er einen regen Briefwechsel mit der hl. Theresa von Avila (1515–1582), eine von ihm tief verehrte Karmelitin, deren Lebensstil und mystische Erfahrungsberichte er sehr bewunderte. Auch die am Hof stattfindenden Theateraufführungen der religiösen, durch die Jesuiten inspirierten Einakter des spanischen Dichters Calderón de la Barca, der Hofkaplan und Vertrauter des Herzogs von Alba war, beeindruckten ihn sehr. Häufig meditierte und betete er vor den Reliquien – sechs vollständige Körper von Heiligen, etwa zweihundert Köpfe von Märtyrern und Tausende von Knochen –, die er mit großer Sorgfalt für die Kirche des El Escorial zusammengetragen hatte.

Ein Verfechter der Gegenreformation

Einer der Leitgedanken Philipps war der, das Christentum gegen den inneren und den äußeren Feind zu schützen. Sobald er den spanischen Thron bestiegen hatte, begann er, innerhalb der Grenzen seines Reichs, mit Hilfe des Inquisitionsgerichts gegen die Ketzerei zu kämpfen. Er selbst war der eigentlich Verantwortliche dieses Tribunals,

---

Für Jesus am Kreuz

Nicht der Himmel, den du mir versprachst, / ermahnt mich, dich, meinen Gott zu lieben. / Nicht die Hölle, die ich so sehr fürchte, / ermahnt mich, dich nicht länger zu schmähen. / Du, oh Herr, lehrst es mich! / Dich ans Kreuz genagelt zu sehen, / die Wunden, die deinen Körper bedecken, / den Spott, den du erträgst und deinen Tod! / Deine Liebe bewegt mich so sehr / dass *ich dich auch lieben würde, / gäbe es keinen Himmel, / und dich fürchten, gäbe es keine Hölle. / Nichts bist du mir schuldig für meine Liebe, / und selbst wenn ich nicht erwarten würde, / was ich erwarte, müsste ich dich lieben, mit derselben Glut, mit der ich dich jetzt liebe.*

Hl. Theresa von Avila

Die Zeit Karl V.

Die Inquisition

Mit diesem Begriff werden im allgemeinen sowohl die im 13. Jh. entstandene, mittelalterliche Inquisition, als auch die von den Katholischen Königen Ferdinand und Isabella ins Leben gerufene spanische Inquisition sowie die 1542 von Papst Paul III. als ständige Kardinalskongregation eingesetzte sogenannte römische Inquisition bezeichnet. Diese kirchlichen Institutionen hatten die Aufgabe, jene ausfindig zu machen, zu verhören und zu verurteilen, die auf ideologischer, theologischer und praktischer Ebene von den Glaubenswahrheiten abwichen. Das Inquisitionsgericht, das die Schuldigen der Ketzerei bezichtigte, galt auch in Fragen der Hexerei als zuständig, da die Hexenkulte verdächtigt wurden, mit dem Teufel im Bunde zu stehen. Mehr als zwei Jahrhunderte lang widmete sich die Inquisition ausschließlich der Hexenverfolgung. In Spanien war sie an die politische Macht gekoppelt und wurde, insbesondere unter Philipp II., gegen die spanischen Araber und Juden sowie gegen die Protestanten verwendet, die in den anderen habsburgisch regierten Ländern lebten. 1559 schuf die katholische Kirche ein weiteres wichtiges Werkzeug im Kampf gegen den Dissens und zur Beschneidung der Meinungsfreiheit: den Index Librorum Prohibitorum, *der eine Liste von Autoren und Werken enthielt, die von der Kirche verurteilt und verboten wurden.*

auch wenn er sich als demütiger, gehorsamer Vollstrecker des von ihm selbst ernannten Großinquisitors bezeichnete. Der inquisitorische Eifer und die zwischen 1559 und 1560 überall in Spanien auflodernden Scheiterhaufen führten zu starken Spannungen mit einigen religiösen Minderheiten. Es entstand eine Form des Rassismus gegenüber den sogenannten *Conversos*, den konvertierten Juden, und den *Moriscos*, den muslimischen Nachkommen der zwangschristianisierten Mauren.

Diese Form der Diskriminierung löste Proteste aus, die gewaltsam niedergeschlagen wurden. Als unermüdlicher Verteidiger des Katholizismus mischte sich Philipp außerdem in alle religiösen Konflikte ein, in die die europäischen Länder im 16. Jh. verwickelt waren.

Gian Lorenzo Bernini, Die Verzückung der hl. Theresa, *1645–52, Rom, Kirche Santa Maria della Vittoria.*

67

Die Habsburger

Der Krieg mit den Niederlanden

Die reichen Provinzen Flanderns gehörten zwar direkt zum spanischen Herrschaftsgebiet, hatten aber seit einiger Zeit eine gewisse Unabhängigkeit bei der Ernennung der öffentlichen Ämter und in der Justizverwaltung erlangt.
Darüber hinaus war innerhalb des Landes ein Klima der Religionsfreiheit entstanden, das die Ausbreitung der Reformationsbewegung und vor allem des Kalvinismus begünstigte. Als Margarete von Parma, eine Halbschwester Philipps II., in Brüssel das Amt der Statthalterin übernahm und dem Land die Rechtsprechung der spanischen Inquisition aufgezwungen wurde, kam es zu starken Spannungen.
Es war ein Angriff auf die traditionellen Privilegien der religiösen Toleranz und der Unabhängigkeit auf dem Gebiet der Rechtssprechung. Eine Gesandtschaft der angesehensten Adligen des Landes begab sich nach Madrid und forderte Philipp zur Abschaffung der Inquisition sowie zur Revision der die Ketzerei betreffenden Gesetze auf. Der König zeigte sich zunächst für Verhandlungen und kleine Zugeständnisse bereit, legte jedoch später eine unnachgiebige Haltung an den Tag. Er gab seiner Halbschwester Margarete von Parma strikte An-

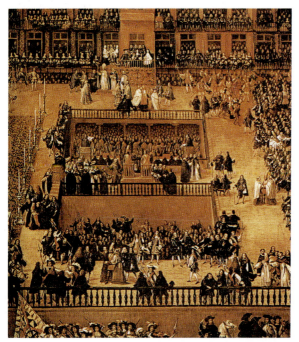

Francisco Ricci, Autodafé auf der Plaza Mayor von Madrid, *Madrid, Prado.*

Die Zeit Karl V.

weisungen, die Machtbefugnisse der Inquisition beizubehalten und Ketzer auf dem Scheiterhaufen verbrennen zu lassen.

Die Adligen reagierten prompt und mit Entschlossenheit: Sie verfassten eine Petition, die von 400 Vertretern adliger Familien des Landes unterzeichnet war, und überreichten sie Margarete, während sie selbst bewaffnet und zu Pferde im Hof des Palastes Stellung bezogen.

Die Statthalterin, die auf keinerlei Unterstützung zählen konnte, gab den Forderungen nach. Sie hob die Anwendung der repressiven Gesetze gegen die Ketzerei auf und gestand den Kalvinisten im darauf folgenden Jahr vollkommene Billigung zu. Philipp ratifizierte das Abkommen, ließ jedoch bei einem Notar zu Protokoll geben, dass er zu dieser Entscheidung gezwungen wurde und sein Gewissen deshalb nicht

Anthonis Mor, Bildnis des Herzogs von Alba.

Der Herzog von Alba

Fernando Àlvares de Toledo (1507–1582), der seine Fähigkeiten als Feldherr im Dienst Karls V. in der Schlacht bei Mühlberg gegen die deutschen Protestanten unter Beweis gestellt hatte, wurde später zum Berater Philipps II. Als Statthalter von Mailand (1555) und Vizekönig von Neapel (1556) kämpfte er gegen die päpstlichen und die französischen Truppen um die spanische Vorherrschaft in Italien.

Er war ein fanatischer, unerbittlicher Verfechter des Katholizismus. Während des Krieges in den Niederlanden war er wegen der gnadenlosen Grausamkeit seines martialischen Gerichts verhasst, durch das rund 18 000 Menschen zum Tode verurteilt wurden.

Als die Erfolglosigkeit seiner repressiven Politik offenkundig wurde, enthob ihn Philipp II. für sieben Jahre jeglichen Amtes, berief ihn jedoch 1580 für den Feldzug in Portugal erneut ein. Auch hier erwies sich der Herzog als äußerst grausam, da er alles niederbrennen ließ, was er zuvor durch militärisches Geschick erobert hatte.

69

Die Habsburger

Otto van Veen, Bildnis des Herzogs von Parma Alessandro Farnese.

daran gebunden sei. Kurz darauf warb er ein Söldnerheer an, das er dem Herzog von Alba unterstellte. Der Krieg begann. Nach der Niederlage der Aufständischen im Frühjahr 1567, erreichte der Herzog Brüssel und übernahm selbst das Amt des Statthalters. Er richtete ein Spezialgericht gegen Aufständische und Ketzer ein, das wegen der zahlreichen verhängten Todesurteile und der daraus entstandenen Schreckensherrschaft auch *Blutsrat* genannt wurde.

1572 gab eine Steuererhöhung, die der Herzog veranlasst hatte, um den enormen Kriegsausgaben Herr zu werden, den Anstoß für die zweite Phase des Aufstandes. Innerhalb kürzester Zeit waren die beiden Provinzen Holland und Seeland in den Händen der Aufständischen. Philipp II. ließ den Herzog von Alba durch seinen Vertrauensmann Don Luis de Requesens y ZúAiga ersetzen. Die wirtschaftliche Situation Spaniens hatte sich unterdessen verschärft, da alle Steuereinnamen und alles Gold aus Amerika für Militärausgaben aufgebraucht worden war.

1575 musste Philipp den Staatsbankrott erklären. Das führte zu heftigen Protesten seitens der Söldner, die im Gegenzug die Stadt Antwerpen rücksichtslos plünderten.

Diese schwere Krise nutzten sowohl die kalvinistischen als auch die katholischen Aufständischen, um sich, unter der Führung von Wilhelm I. von Oranien zur sogenannten Genter Pazifikation zusammenzuschließen. Daraufhin wurde Don Juan de Austria, ein Halbbruder Philipps II. und Sieger der Seeschlacht von Lepanto, damit beauftragt, die militärischen Angelegenheiten zu leiten und die politischen Streitigkeiten beizulegen.

Dank seiner versöhnlichen Haltung gelang es Don Juan im Frühjahr 1577, die politischen Spannungen zu lösen. Man erkannte ihn friedlich als neuen Statthalter an.

Sein plötzlicher Tod ließ den Verdacht aufkommen, es könne sich um ein politisches Attentat handeln. Philipp II. rückte plötzlich in ein zweifelhaftes

Die Zeit Karl V.

Licht, da es hieß, er habe seinem Halbbruder dessen Erfolg geneidet.

Auf Don Juan folgte Alessandro Farnese, Sohn des Herzogs von Parma, Ottavio Franese, und dessen Frau Margarete von Parma. Mit großem diplomatischen Geschick brachte er die südlichen Provinzen wieder zum Gehorsam und in den katholischen Einflussbereich. Die nördlichen Provinzen bekannten sich dagegen zum Protestantismus, setzten ihren Kampf fort und erklärten 1581 ihre politische Unabhängigkeit.

Auf diese Weise kam es zu einer Zweiteilung der Niederlande: im Norden die kalvinistisch dominierte Republik der sieben vereinigten Niederlande unter der Führung von Wilhelm I. von Oranien, im Süden der Bund der wallonischen, katholischen und königstreuen Provinzen. Diese Teilung hatte nachhaltige Folgen. Aus ihr gingen letztlich die heutigen Staaten Belgien und die Niederlande hervor.

Zum ersten Mal war es durch einen Volksaufstand gelungen, dem damals mächtigsten Reich eines seiner Herrschaftsgebiete zu entziehen. Ein erneuter Sieg der Spanier über die Aufständischen wurde durch die Einmischung Englands in den Konflikt endgültig vereitelt.

Der Kalvinismus

Der Kalvinismus, durch den Geistlichen Johannes Calvin (1509–1564) ins Leben gerufen, gewann, ausgehend von der Schweiz, seit den 30er Jahren des 16. Jh. auf europäischem Boden an Einfluss.

Er breitete sich zunächst dort aus, wo die Reformationsbewegung bereits Fuß gefasst hatte, und forderte eine im Vergleich zu Luther tiefergehende, einheitlichere Ausarbeitung der Glaubenslehre. Trotz des missionarischen Charakters handelte es sich auch um eine politische und soziale Bewegung. In den Niederlanden ging die Verbreitung des Kalvinismus eng mit der gegen das katholische Spanien gerichteten, nationalen Unabhängigkeitsbewegung einher. Nach der Abspaltung der nördlichen Provinzen vom katholisch dominierten Süden prägt der Kalvinismus nachhaltig das Selbstverständnis des niederländischen Volkes.

Einige wichtige Persönlichkeiten der Reformation aus einem Gemälde der Zeit.

Philipp gegen Elisabeth

Unbekannter Meister, Bildnis Elisabeths I., *London, National Portrait Gallery.*

Das Verhältnis zwischen Spanien und dem von Elisabeth I. regierten England war seit einiger Zeit sehr angespannt, und zwar vor allem wegen der ständigen Überfälle englischer Seeräuber, wie Sir Francis Drake, auf die mit Metallen beladenen Schiffe der spanischen Kolonien, die für Philipps Militärpolitik von grundlegender Bedeutung waren.

Die wachsenden Spannungen führten schließlich, ausgelöst durch zwei politische Entscheidungen Elisabeths, zum endgültigen Bruch. 1587 entsandte die Königin, die den Aufstand in den Niederlanden von Beginn an befürwortet hatte, ein Militärkontingent zur Unterstützung desselben und verurteilte noch im selben Jahr die schottische Königin Maria Stuart zum Tode.

Spanien reagierte prompt mit der Aufstellung eines Schiffsverbands, mit dem die englische Königin gestürzt werden sollte. Im Mai 1588 lief aus dem Hafen von Lissabon eine Flotte von 140 Galeonen und einer Besatzung von 20 000 Soldaten aus, die in Calais weitere 32 000 Soldaten unter Alessandro Farnese aufnahm, um in England einzufallen. Nie zuvor hatte Spanien über einer derart gewaltige Flotte verfügt, die sie entsprechend großspurig *Armada Invencible* nannte, und die aus Galeonen, schweren Karacken, leichteren und wendigeren Schiffen, den sogenannten

Die Zeit Karl V.

Pinassen, einigen Galeeren und riesigen, mit Segeln oder Rudern ausgestatteten Galeassen bestand. In England hatte Lord Charles Howard das Kommando über vier Divisionen (die übrigen drei unterstanden Francis Drake, John Hawkins und Martin Frobisher), die sich aus beinahe 200, zum Teil privaten zum Teil direkt zum Königshaus gehörenden Schiffen zusammensetzten.

Bereits im Ärmelkanal wurden die schweren spanischen Galeonen durch heftige Stürme und den Angriff von Scharen kleiner, wendiger englischer Schiffe dezimiert. Nach einer lange währenden Fahrt um Irland und die Orkney-Inseln herum, zwang man die wenigen verbliebenen spanischen Schiffe zum Rückzug. Unterdessen wurde der Aufstand in den Niederlanden fortgesetzt. 1598 beschloss Philipp II., ihn dadurch beizulegen, dass er das entsprechende Gebiet von seinem katholischen Herrschaftsbereich abtrennte und es seiner Lieblingstochter Isabella Clara Eugenia sowie deren Ehemann Albrecht VII. von Österreich überließ. Als das Herrscherpaar 1621 ohne Nachkommen verstarb, fielen die Niederlande erneut der spanischen Krone zu, aber dank der Kolonien und dem regen Handel stieg die Republik der sieben vereinigten Niederlande zu einer starken Wirtschaftsmacht auf und wurde schließlich im Westfälischen Frieden von 1648 endgültig als unabhängig anerkannt.

Zeitgenössische Darstellung des Kampfes zwischen der englischen Flotte und der Armada Invencible *von Philipp II. Der Ausschnitt zeigt einen der zahlreichen Angriffe, mit denen die Engländer die Oberhand über die feindliche Flotte behielten, die am 28. Mai 1588 aus dem Hafen von Lissabon ausgelaufen war.*

Die Habsburger

Osmanen und Hugenotten

1570 griffen die Osmanen die damals unter venezianischer Herrschaft stehende Insel Zypern an. Venedig drang darauf hin auf die Bildung der Heiligen Liga, zu der die Republiken Genua und Lucca, das Herzogtum Savoyen, das Großherzogtum Toskana, Papst Pius V. sowie der Malteserorden gehörten.

Die Seeschlacht von Lepanto

Auch Spanien wurde um eine Teilnahme gebeten und Philipp II. willigte in der Hoffnung ein, auf diese Weise Tunis zurückzuerobern, das von Algerien besetzt worden war. Wegen Philipps Misstrauen zogen sich die Verhandlungen jedoch in die Länge und Zypern fiel in die Hände der Osmanen. Als endlich auch die spanischen Schiffe unter dem Kommando von Giovanni Andrea Doria ausliefen, sammelte sich die Flotte der Heiligen Liga bei der Meerenge von Messina und stach unter der Führung von Philipps Halbbruder Don Juan de Austria in See. Die osmanische Flotte, die über mehr Galeeren und Soldaten, aber über weniger Artillerie verfügte, hatte sich in die Meerenge von Lepanto zwischen dem Golf von Patras und dem Golf von Korinth zurückgezogen. Am 7. Oktober 1571 griffen die Schiffe der Heiligen Liga mit großem militärischen Geschick an und schlugen sie. Tausende osmanischer Soldaten wurden gefangen genommen, über hundert Galeeren beschlagnahmt und 15 000 christliche Galeerensklaven befreit. Die Begeisterung über diesen Sieg war groß. Er kennzeichnete einen entscheidenden Moment in der Abwehr der osmanischen Expansionspolitik.

Andrea Vincentino, Die Seeschlacht von Lepanto (Ausschnitt), Venedig, Palazzo Ducale.

Die Zeit Karl V.

Frankreich

Als 1584 der Bruder von Heinrich III., dem König von Frankreich, starb und der Hugenotte Heinrich von Navarra zum voraussichtlichen französischen Thronfolger wurde, griff Philipp II. in die inneren Angelegenheiten Frankreichs ein. Er unterstützte zunächst finanziell das einflussreiche katholische Lager der Guisa gegen die bourbonischen Hugenotten.

Nach der Ermordung des Königs im Jahr 1589 beanspruchte Philipp für seine Tochter Isabella Clara Eugenia das Recht auf die Thronfolge und verlieh dieser Forderung durch den Einmarsch seiner Truppen in Frankreich Nachdruck. Weder Hugenotten noch Katholiken unterstützten diese Kandidatur.

Nachdem der Thronfolger Heinrich 1593 dem kalvinistischen Glauben abgeschworen hatte und zum Katholizismus übertrat, wurde er als Heinrich IV. zum König ernannt und auch vom Papst anerkannt.

Philipp gab sich nicht zufrieden. Seine Hartnäckigkeit führte zu einem gegen ihn gerichteten Bündnis zwischen

Alonso Sánchez Coello, Bildnis Philipps II. *(Ausschnitt)*, Madrid, Prado.

Frankreich, England und den Niederlanden. Als er wegen seiner immensen Militärausgaben und den unzureichenden Silberlieferungen aus den Kolonien erneut Bankrott erklären musste, unterzeichnete er 1598 mit Frankreich den Frieden von Vervins, mit dem er sich zum Rückzug seines Heers aus Frankreich und zur Einhaltung der im Frieden von Cateau-Cambrésis vereinbarten Bedingungen verpflichtete.

Die Hugenotten

Mit diesen Namen wurden die französischen Protestanten kalvinistischen Glaubens bezeichnet.
Bereits zu Beginn des 16. Jh. waren sie zahlreich vertreten. Unter der Regierung von Franz II. (1559–1569) wurden sie, angeführt durch die Bourbonen, zu einer eigenständigen politischen Kraft, die dem katholischen Lager des Geschlechts der Guisa gegenüberstand. Die erbitterte Verfolgung der Hugenotten gipfelte in dem als Bartholomäusnacht bekannten Massaker von Paris (1572). Erst 1598 mit dem Edikt von Nantes wurde den Hugenotten das Recht auf Glaubensfreiheit zuerkannt.

75

Die Habsburger

Der Niedergang Spaniens

Das spanische Reich war unter Philipp II. zum Gipfel seiner Macht aufgestiegen und dennoch begann bereits in jenen Jahren der wirtschaftliche, kulturelle und soziale Abstieg, der das Spanien des 17. Jh. nachhaltig prägen sollte. Philipps Ausgaben für das Militär waren enorm und mehrfach erwiesen sich die Lieferungen von Edelmetallen aus den Kolonien und die Steuereinnahmen als nicht ausreichend, um diese zu decken. Der König sah sich daher gezwungen, auf hochverzinste Anleihen bei den Großbankiers aus Antwerpen zurückzugreifen und insgesamt dreimal Bankrott anzumelden. Am Ende des Jahrhunderts wurde die Krise im Bereich der Wirtschaft immer stärker spürbar. Der Zusammenbruch war vor allem einer weit verbreiteten Mentalität geschuldet, die gänzlich in bürokratischem Denken verhaftet war und sich Neuem gegenüber vollkommen verschloss. Der unerbittliche, hartnäckige Kampf gegen religiöse Reformen verschmolz mit dem Widerstand gegen jegliche Form der politischen, wirtschaftlichen und sozialen Neuerung.

Ein bezeichnendes Beispiel hierfür liefert uns das Vorhaben, die beiden Flüsse Tajo und Manzanares durch einen befahrbaren Kanal miteinander zu verbinden. Der Staatsrat verweigerte die Zustimmung, mit der Begründung, dass Gott, wenn er eine Verbindung zwischen beiden Flüssen gewollt hätte, diese von Anfang an geschaffen hätte.

Die stagnierende Wirtschaft war auch das Ergebnis der starren feudalen Strukturen, in denen die spanische Gesellschaft verhaftet war. An der Spitze standen die dreizehn Herzogs- und Markgrafengeschlechter, die Güter, Titel und politische Ämter von einer Generation zur nächsten weitervererbten. Von geringerem gesellschaftlichen Ein-

Elegante, nach der prunkvollen Mode des 16. Jh. gekleidete junge Männer auf einem Gemälde von Anton van Dyck.

Die Zeit Karl V.

fluss war der Kleinadel mit den sogenannten *Hidalgos*, den Rittern, die es für unehrenhaft hielten, einer Arbeit nachzugehen, und die sich ausschließlich der Kriegskunst widmeten, wobei sie auf anachronistische Weise die Ideale des christlichen Rittertums und der Kreuzzüge hochhielten. Als ergreifendes Beispiel für einen Vertreter dieser sozialen Kategorie sei hier die Figur des *Don Quijote* genannt, die uns der Dichter Miguel de Cervantes auf großartige Weise beschrieben hat.

Kein Mitglied des Hochadels kümmerte sich darum, die gewaltigen, aus den Kolonien stammenden Reichtümer produktiv zu investieren. Stattdessen wurde alles für einen übertrieben luxuriösen Lebenswandel aufgewendet.

Wenn man darüber hinaus den wirtschaftlichen und politischen Aufstieg Englands und Hollands sowie das Erstarken Frankreichs nach der Zeit der Religionskriege bedenkt, wird deutlich, dass das ausgehende 16. Jh. im Zeichen des Niedergangs der politischen Hegemonie Spaniens stand.

Frontispiz einer der ersten Ausgaben des Don Quijote *von Miguel de Cervantes.*

Miguel de Cervantes

Der große spanische Dichter Miguel de Cervantes (1547–1616) nahm an der Schlacht von Lepanto teil und musste sich, in Folge einer schweren Verletzung, einen Arm amputieren lassen.
Für ihn war die körperliche Beeinträchtigung ein sichtbares Zeichen seiner Vaterlandsliebe, auf das er sehr stolz war. Entsprechend schreibt er im Vorwort zum zweiten Teil des Don Quijote, *dass »wenn man mir heute das Unmögliche vorschlüge und möglich machte, ich lieber wieder bei jenen herrlichen Ereignissen zu gegen wäre, als jetzt gesund und heil zu sein, ohne an jenem Tage teilgenommen zu haben. Die Wunden, die der Soldat im Gesichte und auf der Brust zeigt, das sind Sterne, welche anderen zum Himmel des Ruhmes und dem Drange nach gerechtem Lobe voranleuchten.«*

Die Kinder und Enkel Philipps II.

Geschwächt durch zahlreiche Krankheiten, und angesichts der erlittenen Niederlagen sowie der wirtschaftlichen Krise enttäuscht und besorgt, starb Philipp 1598 in den Mauern des El Escorial.

Philipp III.

Sein Nachfolger wurde Philipp III. (1578–1621), der als sein einziger Sohn aus der Ehe mit Anna von Österreich hervorgegangen war.

Ein Jahr später wurde die Hochzeit des neuen Königs mit dessen Cousine Margarete von Österreich gefeiert, mit der er acht Kinder hatte. Philipp, der sich als politisch ungeschickt erwies, wurde zwischen der Macht des Klerus und der Bürokratie hin und her geworfen. Er vertraute sich vollkommen seinem ersten Minister und Günstling Francisco Gómez de Sandoval y Rojas an. Dieser brauchte die bereits knappen Staatsreserven vollends auf und kümmerte sich allein darum, seine Macht zu festigen, indem er Freunde und Verwandte in eigens dazu eingerichtete Ämter einsetzte. In der Hoffnung, die Vormachtstellung in Europa wahren zu können, nahm Spanien die alten Kriege mit den Niederlanden und England wieder auf. Es wurde jedoch schon bald dazu gezwungen, eine zwölfjährige Waffenruhe mit der Republik der sieben vereinigten Niederlande sowie ein Abkommen mit dem englischen König Jakob I. zu unterzeichnen, in dem beide Seiten versicherten, auf Angriffe durch Piraten zu verzichten. In der Zwischenzeit versuchte Philipp III. durch eine folgenschwere innenpolitische Maßnahme den öffentlichen Haushalt zu sanieren. Man hatte beschlossen, die *Moriscos*, die rund 300 000 im ganzen Land verstreut lebenden muslimischen Nachkommen der Mauren, auszuweisen, um deren Besitztümer konfiszieren zu können. Diese Maßnahme erwies sich als äußerst schädlich für die bereits kritische wirtschaftliche und demografische Situation in Spanien, da dem Land auf diese Weise wichtige Produktionskräfte verloren gingen. Landwirtschaft, Industrie und Handel verzeichneten einen besorgniserregenden Zusammenbruch. Zur Blüte gelangte damals einzig und allein die Literatur, die mit dem Lyriker Luis de Góngora einen ihrer großartigsten Vertreter hatte.

Philipp IV.

1621 starb der König. Sein Sohn Philipp IV. (1605–1665) blieb dem Regierungsstil seines Vaters treu und überließ die politische Führung seinem Minister und Günstling Gaspar de Guzmàn. Dieser verfolgte einen imperialistischen Plan. Gegen Frankreich, die Republik Venedig und Savoyen kämpfte er auf

Die Zeit Karl V.

schweizerischem und italienischem Boden um die Kontrolle über das Veltlin und Montferrat, die wichtige Anschlussgebiete zwischen Spanien und dessen italienischen Besitztümern darstellten. In beiden Fällen wurde Philipp geschlagen. Mit der Unterzeichnung der Verträge von 1626 und 1631 begann Spanien seine Vorherrschaft in Italien zu verlieren. Nach dem Ende des Waffenstillstands nahm es 1621 den Krieg gegen die Niederlande erneut auf, der erst mit dem Westfälischen Frieden von 1648 und der endgültigen Abspaltung der sieben vereinigten Provinzen der Niederlande von Spanien beendet wurde. Im Dreißigjährigen Krieg kämpfte Philipp an der Seite des Kaisers und musste sich gegen das Bündnis von Kardinal Richelieu zur Wehr setzen, erlitt jedoch 1643 und 1648 zwei schwere Niederlagen.

Die unterdrückerische Zentralisierungspolitik seines Ministers hatte neue, schwerwiegende Probleme zur Folge: den Aufstand in Katalonien und den Abfall Portugals. Der erneute Krieg mit Frankreich brachte den Verlust einiger Kolonien, mehrerer an der Atlantikküste gelegener Städte sowie der Freigrafschaft Burgund mit sich.

Karl II.

Nach dem Tod Philipps IV. ging die Krone auf dessen Sohn Karl II. (1661–1700) über. Da er bereits im Alter von vier Jahren König wurde, übernahm

Philipp III. auf einem Bildnis von Diego Velásquez (1599–1660), den Philipp IV. zu seinem Hofmaler ernannte.

seine Mutter Maria Anna von Österreich die Regentschaft. Als er schließlich selbst regieren durfte, erwies er sich als vollkommen untauglich und überließ die Herrschaft der Willkür einer ganzen Reihe von Günstlingen.

Die permanenten kriegerischen Auseinandersetzungen mit Frankreich und die verheerenden Niederlagen besiegelten den vollkommenen Zusammenbruch der spanischen Macht. Als Karl starb, ohne Nachkommen zu hinterlassen, ging die Nachfolge an Philipp von Anjou, einen Enkel des französischen Königs Ludwig XIV., der wiederum Karls Schwester Maria Theresia geheiratet hatte. So endet die Geschichte der spanischen Linie der Habsburger.

Die Habsburger

Die österreichische Linie

Riefelharnisch aus Deutschland. In Anlehnung an die Mode des 16. Jh. verschmilzt hier der klassisch anmutende Stil der damaligen Zeit mit gotischen Elementen der vorangehenden Epoche.

Ferdinand I., der nach dem Abkommen mit seinem Bruder Karl V. von 1522 die Regierung in Österreich übernommen hatte, war fest entschlossen, die unter seinem Großvater Maximilian I. begonnene Verwaltungsreformen weiterzuführen. Das hatte zur Folge, dass er sich gleich zu Beginn mit einem gewaltsamen, gegen die Zentralisierung der Verwaltung gerichteten Aufstand der Adligen konfrontiert sah, den er niederschlug, indem er die Anführer in Wien hinrichten ließ. Danach widmete er sich entschlossen der Neuordnung des Staates in allen ihm unterstehenden Bereichen. Mit Ausnahme weniger Veränderungen blieb diese Ordnung in Österreich bis zum Sturz der Habsburger Monarchie im Jahr 1918 bestehen. Zur Zeit Ferdinands stellten die Provinzen noch eigenständige Mächte dar, mit denen der Erzherzog permanent verhandeln musste. Besonders kontrovers wurden die Fragen zum Heer und den Finanzen diskutiert, die angesichts der Bedrohung durch die Osmanen besonders dringlich waren. Neben dem ständigen kaiserlichen Heer, das aus Söldnern und Söldnerführern bestand gab es die kleineren Heere der einzelnen Provinzen.

In den Landtagen der Provinzen stimmte man dafür, die Pflichtabgaben den Städten, Bauern und Lehnsherren aufzuerlegen, die diese wiederum auf ihre jeweiligen Untertanen abwälzten. Auch die Justiz und die Verwaltung lag, soweit sie funktionierte, vollkommen in den Händen der Adligen. Es gab keine klare und eindeutige Trennung zwi-

Die österreichische Linie

schen der Zentralgewalt der habsburgischen Erzherzöge und der Macht der einzelnen Landtage.

Durch diese oligarchisch strukturierte unabhängige Macht der Provinzen, die in den Händen der auf ihre feudalen Privilegien bedachten Adligen lag, wurden die Bauern und die Bewohner der Städte unterdrückt, was zu großen sozialen Spannungen führte. Der Leitgedanke bei allen Entscheidungsfindungen seitens des Adels war tatsächlich, steuerliche Abgaben um jeden Preis zu umgehen.

Die Verwaltungsreform

Die bereits unter Kaiser Maximilian I. in Angriff genommenen Pläne zur Zentralisierung der Verwaltung wurden durch seinen Enkel Ferdinand I. fortgesetzt, mit dem Ziel, die patrimonialen und feudalen Staatsstrukturen durch eine absolute Monarchie zu ersetzen.

Zunächst wurde daher festgelegt, dass es im österreichischem Herrschaftsgebiet nur ein einziges, dem Kaiser unterstehendes Heer geben dürfe. Darüber hinaus sollte ein einheitliches Finanzsystem eingeführt werden, das Eigentumsangelegenheiten und Abgaben regelte, und außerdem eine gemeinsame außenpolitische Linie gefunden werden. Um diese Neuerungen umzusetzen, rief Ferdinand 1556 einige neue Institutionen ins Leben: Der *Geheime Rat* und der *Hofkriegsrat*, die überwiegend aus deutschen Ratsmitgliedern bestanden, waren für Fragen der Außenpolitik zuständig, die Kontrolle der Verwaltung und der Staatsausgaben oblag dagegen der *Hofkanzlei* und der *Hofkammer*.

Innerhalb dieser Organe wurden alle Entscheidungen durch Stimmenmehrheit gefällt.

Ferdinand schaffte es nicht, die bestehende Situation gänzlich zu verändern. So behielten Böhmen, Ungarn und einige große Städte, wie Wien, Innsbruck und Graz eine unabhängige Verwaltung mit einer eigenständigen *Hofkanzlei*.

Lucas Cranach d.Ä., Venus in einer Landschaft, *1529, Paris, Louvre. Der deutsche Maler und Kupferstecher, der bereits am Hof von Maximilian I. tätig war, arbeitete in der zweiten Hälfte des 16. Jh. vor allem im protestantischen Teil Deutschlands.*

81

Die Habsburger

Ferdinand I. auf dem Balkan

Im dritten Jahrzehnt des 16. Jh. war Ferdinand mit den Problemen um die Thronfolge der Königreiche Böhmen und Ungarn beschäftigt.

Er hatte Anna Jagiello geheiratet, die Schwester des ungarischen und böhmischen Königs Ludwig II. Als dieser in der Schlacht bei Mohács (1526) gegen die Osmanen fiel, ohne Nachkommen zu hinterlassen, wurde Ferdinand einstimmig zum König von Böhmen gewählt. Die Nachfolge auf den ungarischen Thron gestaltete sich dagegen weitaus schwieriger. Da Ferdinand nur von einer kleinen Minderheit der Adligen zum König ernannt wurde, gelang es ihm nie, seine Herrschaft auszuüben. 1527 besetzte Süleyman der Prächtige, seinen Expansionsbestrebungen in Europa entsprechend, die Stadt Buda. Mit Unterstützung eines Teils des ungarischen Adels, Venedigs, Frankreichs und Englands, die sich in der Liga von Cognac gegen die Habsburger verbündet hatten, setzte er dort den Statthalter von Siebenbürgen Johann Zápolya als König ein. Ferdinand, der nicht gewillt war, auf die Krone zu verzichten, gelang es zwei Jahre später, Zápolya aus Buda zu vertreiben. Daraufhin nahm der Sultan den Kampf gegen die Habsburger erneut auf, belagerte Wien und zwang Ferdinand zu einem Abkommen, auf dessen Grundlage Zentralungarn unter osmanische Herrschaft fiel.

Die geschwächte Stellung Österreichs

Entgegen seiner auf Zentralisierung abzielenden Politik, beschloss Ferdinand I. 1554 aus familiären Gründen, dass das

Süleymans Heer 1529 vor den Toren von Wien, *Osmanische Miniatur aus dem Hünername (Buch der Heldengedichte) von Lokman, 1584–1588, Istanbul, Bibliothek des Topkapi Sarayi.*

Die österreichische Linie

ihm unterstehende Herrschaftsgebiet nach seinem Tod zwischen den drei Söhnen aufgeteilt werden sollte. Dem ältesten Sohn Maximilian wurden die Kaiserkrone sowie Böhmen, Ungarn, Ober- und Niederösterreich zugesprochen. Der zweite Sohn Ferdinand sollte Tirol, und schließlich Karl die Steiermark, Kärnten und die Krain erhalten. Nach der Abdankung Karls V. übernahm sein Bruder Ferdinand 1558 das Amt des Kaisers. Trotzdem behielt die spanische Linie in allen Bereichen und an den verschiedenen Kriegsfronten die Oberhand. Dies war nicht zuletzt ihren größeren finanziellen und militärischen Ressourcen zu verdanken. Die österreichischen Habsburger wirkten neben den spanischen Habsburgern wie arme Verwandte. Angesichts der partikularistischen Bestrebungen der Provinzen und der permanenten, unmittelbaren Bedrohung durch die Osmanen, schien für Österreich eine neue Epoche der Teilungen und der Schwächung anzubrechen.

Ein toleranter Katholik

Auf religiösem Gebiet verfolgte Ferdinand zunächst eine gegen den Protestantismus gerichtete, repressive Linie, da er, ebenso wie sein Bruder Karl V., in der Dynastie der Habsburger das wichtigste Bollwerk des Katholizismus sah. Die Römische Kirche konnte sich seiner Unterstützung gewiss sein. Allerdings war sein gesamtes militärisches und po-

Albrecht Dürer, Christus, *1504. Im 16. Jh. waren Darstellungen wie diese sehr häufig. Christus ist hier in melancholischer Haltung, traurig, niedergeschlagen, ja fast verzweifelt zu sehen.*

litisches Vorgehen im Zusammenhang mit der protestantischen Bewegung weniger dem Willen geschuldet, der politischen Linie des Papstes treu zu bleiben, als vielmehr dem Wunsch, die Macht des Hauses Österreich zu stärken.

Da zahlreiche seiner Berater den Lehren von Erasmus von Rotterdam anhingen und auch er selbst sich diesem großen Humanisten gegenüber offen zeigte, betrieb Ferdinand nach den 40er Jahren eine tolerantere, auf religiöse Versöhnung abzielende Politik, die das Gespräch zwischen Katholiken und Protestanten suchte und 1555 in den Augsburger Religionsfrieden mündete.

83

Die Habsburger

Der Humanist Maximilian II.

Maximilian II. (1527–1576) war der älteste Sohn von Ferdinand I. und Anna Jagiello. Er kam in Wien zur Welt, wurde jedoch zusammen mit seinem Cousin Philipp, dem zukünftigen König von Spanien, in Madrid erzogen. Als nicht einmal Zwanzigjähriger begleitete er seinen Onkel Karl V. bei dessen Feldzügen gegen Frankreich und den Schmalkaldischen Bund.

1548 heiratete er seine Cousine Maria, eine Tochter Karls V., mit der zusammen er, während der Abwesenheit von Karl V. und Philipp II., bis 1550 Statthalter von Spanien war. Als sein Vater Ferdinand I. 1564 verstarb, wurde er Kaiser sowie König von Ungarn und Böhmen. Seine Regierungszeit war, insbesondere im Ostteil des Reiches, durch kulturelle Neuerungen und Veränderungen gekennzeichnet. Der Hof in Wien entwickelte sich zu einer Begegnungsstätte für Künstler, Gelehrte und Literaten, die einer durch Toleranz und kulturelle Offenheit geprägten humanistischen Bewegung angehörten. Humanismus und Renaissance, die im Vergleich zum übrigen Europa in den habsburgischen Gebieten eher rückständig waren, wurden durch das Mäzenatentum Maximilians und durch seine Sammelleidenschaft sowie seine künstlerischen, literarischen und wissenschaftlichen Interessen gefördert und unterstützt.

Die Erweiterung der Hofbibliothek, deren Leitung und Verwaltung er einem großen humanistischen Gelehrten anvertraut hatte, war ein greifbares Zei-

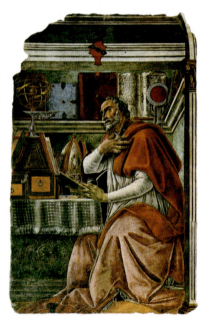

Studierzimmer eines Humanisten zwischen dem 15. und 16. Jh.
Der sogenannte Humanismus ist durch die Wiederentdeckung der Autoren der griechischen und römischen Klassik, als den Vorbildern für eine weltliche, anthropozentrische Gesellschaftsordnung, sowie durch philologische Untersuchungen gekennzeichnet. Er entwickelte sich zwischen dem 15. und 16. Jh. vor allem in Italien.

Die österreichische Linie

chen sowohl für das neuerwachte Interesse an der lateinischen Sprache und der Klassik als auch für die neu geknüpften Verbindungen zwischen der österreichischen Kultur und den angesehensten Denkern Europas. Innerhalb dieses Klimas der Erneuerung wurden zahlreiche Bücher veröffentlicht, verbreitet und gelesen.

Auch die Bildungsreisen und der kulturelle Austausch zwischen den verschiedenen Universitäten nahm zu. Die klassischen Ideale wurden in einer kosmopolitischen und humanistischen Lesart neu interpretiert und religiöse Toleranz sowie Meinungsfreiheit propagiert. Maximilian II. zeigte auch Interesse an Magie, Alchemie und Astrologie. Diese Wissenschaften fassten im damaligen Europa tatsächlich immer stärker Fuß. Maximilian berief auch einige Schüler des berühmten Schweizer Mediziners Paracelsus an seinen Hof.

Ebenso gab er der Dichtung neue Impulse. Unter seiner Leitung wurden an der Wiener Universität Dichterwettstreite ausgetragen, für deren Sieger er

Paracelsus auf einem Gemälde von Jan van Scorel. Der aus der Schweiz stammende Mediziner, Naturforscher und Philosoph studierte in verschiedenen europäischen Ländern und arbeitete unter dem Schutz des Fürstbischofs von Salzburg. Seine Therapien stützten sich, im Gegensatz zur traditionellen Medizin, sowohl auf die Alchemie, mit deren Hilfe er Medikamente auf Mineralbasis zubereitete, als auch auf die Astrologie, mit der er den Einfluss der Gestirne auf den Gesundheitszustand des Menschen untersuchte.

selbst den Titel des *Poeta laureatus* einführte.

Paracelsus

Nach Paracelsus dürfen sich diejenigen, die dank besonderer Begabung zu Ansehen und Reichtum in der Welt gelangen können, niemals durch materielle Dinge blenden lassen, sondern sollten das eigene Können immer zum Wohle aller einsetzen. Er vergleicht die in einer bestimmten Kunst besonders Bewanderten mit einer Mühle, die tagtäglich Mehl mahlt. Dieses Mehl, so

Paracelsus, komme den Menschen und nicht der Mühle selbst zu. Seiner Auffassung nach muss alles, was einem gegeben ist, in den Dienst der Gemeinschaft gestellt werden. Als Beispiel führt er den Arzt an, der, soweit er fähig ist, die Gesundheit anderer wiederherstellt, und somit anderen und nicht sich selbst dient.

Die Habsburger

Rudolf, die Kunst und die Alchemie

Rudolf II. (1552–1612) wurde nach streng katholischen Grundsätzen am spanischen Hof von Philipp II. erzogen. Als Erstgeborener übernahm er 1576 von seinem Vater die Kaiserkrone, nachdem er bereits zum König von Böhmen, Ungarn und zum römisch-deutschen König ernannt worden war. Sein Großvater Ferdinand I. und sein Vater hatten Wien als Sitz ihrer Residenz und als Reichsmittelpunkt gewählt. Rudolf verlegte seinen Hof dagegen nach Prag, in die alte böhmische Hauptstadt, die ein humanistisch geprägtes kosmopolitisches Zentrum war. In den ersten Jahren seiner Regierung bemühte sich Kaiser Rudolf darum, den Vormarsch der Protestanten im Rheinland zu stoppen und die Gegenreformation in Österreich und Böhmen zu stärken.

Später nahm er jedoch eine gleichgültige Haltung gegenüber Glaubensfragen an und schuf ein Klima der Toleranz. Er bot Gelehrten Schutz, die vor der Verfolgung durch die Katholiken aus anderen Ländern geflüchtet waren, gestattete der reformierten Kirche in Böhmen, ihre Lehre zu verbreiten und ihre Religion auszuüben, und billigte selbst den Juden das Studium der Kabbala zu. Der humanistischen Gesinnung seines Vaters und Großvaters entsprechend, verwandelte Rudolf die Stadt Prag in ein kulturelles Zentrum, in dem sich die berühmtesten Gelehrten, Astrologen, Heilkünstler und Alchimisten Europas, wie Kepler, Giordano Bruno, John Dee oder Tycho Brahe begegneten, an deren Untersuchungen der Kaiser ein lebhaftes Interesse zeigte. Darüber hinaus war er Mäzen von berühmten Künstlern wie Giuseppe Arcimboldo. Er sammelte wertvolle Kunstwerke, die er von seinen Agenten in ganz Europa zusammentragen ließ.

Hans von Aachen, Rudolf II. *(Ausschnitt), Wien, Kunsthistorisches Museum.*

Die österreichische Linie

Nach zwanzigjähriger Regierungszeit, während der er immer häufiger von Depressionen heimgesucht wurde, zog sich Rudolf in die Prager Burg zwischen seine Kunstschätze und wissenschaftlichen Experimente zurück und kehrte der Welt sowie dem politischen Geschehen den Rücken. Durch die Schwächung der zentralen Macht konnten sich innerhalb des Reiches gegensätzliche politisch-religiöse Gruppierungen herausbilden, was die übrigen Familienmitglieder, vor allem Rudolfs jüngeren Bruder Matthias zu einer Reaktion veranlasste.
Bereits 1593 hatte dieser das Amt des Statthalters von Österreich an sich gerissen. Als es 1606 in Ungarn zu einem Aufstand kam, übernahm er für den Bruder die Verhandlungen mit den Rebellen, denen er Privilegien und die Freiheit zusicherte. Da sich Rudolfs psychischer Zustand immer weiter verschlechterte, marschierte Matthias, mit

Rudolf II. auf einem Gemälde von Giuseppe Arcimboldo.

der Unterstützung eines Teils des böhmischen Adels, in Prag ein und zwang den Bruder zum Verzicht auf die böhmische Krone. Formal behielt Rudolf den Kaisertitel bis zu seinem Tod am 20. Januar 1612.

Rudolf II. als Alchimist

In seinem 1982 in deutscher Übersetzung erschienen Werk Magisches Prag *beschreibt Angelo Maria Ripellino Rudolf als einen Herrscher, der Prag in ein Zentrum der dunkeln Künste verwandelte, das die berühmtesten Alchimisten ganz Europas anzog. In der Hoffnung, mit der Herstellung von Gold den Staatshaushalt zu sanieren, der durch den Erwerb zahlreicher Raritäten belastet war, und ein lebensverlängerndes Elixier zu finden, habe sich Rudolf, so Ripellino, mit einer Schar von in dieser Kunst bewanderten Männern umgeben, die er mit Geschenken überhäufte, denen jedoch, im Falle eines Misslingens, der Kerker drohte. Rudolf sei vollkommen von dem Gedanken besessen gewesen, mit Hilfe alchimistischer Geräte und Substanzen, wie dem Athanor, dem darin enthaltenen philosophischen Ei, Schwefel und Quecksilber den Stein der Weisen zu finden. Dieser Wahn habe letztlich dazu geführt, dass er sein Regierungsamt vernachlässigte.*

Matthias und Ferdinand II.

Matthias, der nach dem Tod seines Bruders Rudolf II. zum Kaiser ernannt wurde, verlegte den Herrschersitz erneut zurück nach Wien.

Zunächst begegnete er den heftigen Glaubenskonflikten, die vor allem in den böhmischen Gebieten ausgetragen wurden, mit einer versöhnlichen Politik. Da er jedoch charakterschwach, kränklich und politisch wenig geschickt war, gelang es ihm nicht, der politischen Lähmung in den Reichstagen entgegenzusteuern, die sich aus den Streitigkeiten zwischen den katholischen und den protestantischen Fürsten ergab. Die Situation verschärfte sich, als Matthias den Fehler beging, sich über die Privilegien hinwegzusetzen, die er selbst den Protestanten eingeräumt hatte, und den Bau einiger neuer Kirchen in Böhmen untersagte. Die Reaktionen schlugen in Gewalt um, als er seinen Cousin Ferdinand II., den streng katholischen Herzog der Steiermark und späteren Kaiser des Heiligen Römischen Reiches, zum Nachfolger auf den böhmischen Thron bestimmte.

Der Prager Fenstersturz

Unter der Führung des Grafen Heinrich Matthias von Thurn entsandten einige protestantische Adlige am 23. Mai 1618 eine Delegation in die Prager Burg, um von den Regierungsvertretern des Kaisers konkrete Garantien zu verlangen. Die Begegnung artete schnell in gegenseitige Beschimpfungen aus und entwickelte sich zu einen Aufstand, als die beiden kaiserlichen Statthalter und deren Sekretär aus einem Fenster des Palastes geschmissen wurden.

Wie durch ein Wunder überlebten die drei. Das Ereignis diente jedoch als Anlass, einen Konflikt, der seit Jahren schwelte, zum Ausbruch zu bringen. Es war der Beginn des Dreißigjährigen Krieges, der weitreichende Folgen haben sollte.

Die Prager Burg und der Veitsdom erinnern an die tausendjährige Geschichte Böhmens. Sie beherbergen die Schätze und Grabstätten der Könige.

Die österreichische Linie

Die astronomische Uhr am Altstädter Rathaus von Prag. Die Uhr ist in drei Teile gegliedert: die Prozession der Apostel, die man zu jeder vollen Stunde bewundern kann, ein Zifferblatt und ein Kalendarium mit den Wappen der Altstadt.

Die Aufständischen stellten ein Heer auf, das die habsburgischen Truppen verfolgte und bis in die Vororte Wiens vordrang. In der Zwischenzeit verstarb Matthias. Der neue Kaiser sowie König von Böhmen und Ungarn, Ferdinand II. (1578–1637), sah sich damit konfrontiert, dass die Böhmische Konföderation den Kalvinisten und Kurfürsten von der Pfalz, Friedrich V., zum böhmischen König ernannte. Dieser war Schwiegersohn des englischen Königs Jakob I. und Anführer der Protestantischen Union.

Ein Donaureich

Nachdem die Pläne Karls V. gescheitert waren, die Einheit seines riesigen Reiches zu bewahren, wurden die kulturellen Unterschiede zwischen dem östlichen und dem westlichen Teil desselben immer deutlicher spürbar. Der katholischen Strenge und Unnachgiebigkeit des spanischen Zweigs der Habsburger standen die Höfe in Wien und Prag mit Ferdinand I. und seinen Nachkommen entgegen, die einen flexibleren und von Toleranz gekennzeichneten Führungsstil an den Tag legten. Diese Haltung war, abgesehen von der jeweils persönlichen Überzeugung, durch das Bewusstsein bestimmt, dass die Ernennung zum Kaiser auf der Grundlage einer Mehrheitsentscheidung von überwiegend protestantischen Kurfürsten erfolgte und das es daher nicht angebracht war, Partei für die spanischen Verwandten, als den Verfechtern des Katholizismus zu ergreifen. Angesichts der religiösen und nationalen Vielfalt ließ sich die politische Einheit der habsburgischen Herrschaftsgebiete nicht, wie in Spanien, auf ideologische und religiöse Formeln gründen, sondern entsprach Ideen, die auf den deutschen und den italienischen Humanismus Bezug nahmen. Mit den östlichen Gebieten Österreich und Ungarn verlor das Heilige Römische Reich nach und nach seine wesentlich deutsche Prägung und bekam, bis zu seinem endgültigen Niedergang, immer stärker den Charakter eines Donaureiches.

89

Die Habsburger

Der Dreißigjährige Krieg

Unbekannter florentinischer Meister, Albrecht von Wallenstein, Florenz, Uffizien.

Die böhmisch-pfälzische Phase

Nach dem Prager Fenstersturz schlossen sich der Papst, Spanien, Polen, Frankreich und die Katholische Liga, ein von Herzog Maximilian I. von Bayern gegründetes Bündnis katholischer Fürsten, mit Ferdinand II. zusammen. Die protestantischen Fürsten in Deutschland sowie England und Holland unterstützen zwar die böhmischen Forderungen, entschlossen sich aber zu einer neutralen Haltung.

Am 8. November 1620 standen sich die feindlichen Heere auf einem Hügel in der Nähe von Prag gegenüber, der auf Grund seines gipshaltigen Gesteins »Weißer Berg« genannt wird. Der Kampf endete in einer vernichtenden Niederlage für die böhmische Seite. Der wenig fähige und kleinmütige Friedrich V. floh aus Böhmen, das erneut gänzlich unter habsburgische Herrschaft fiel. Die Protestanten wurden gewaltsam bekämpft, die ihnen zugestandenen Privilegien aufgehoben und ihre Kirchen zerstört. Viele Adlige, Handwerker und Intellektuelle protestantischen Glaubens wurden vertrieben oder zur Massenemigration gezwungen. An ihrer Stelle kamen die Jesuiten, die Kirchen, Schulen und Universitäten für sich vereinnahmten. Die militärische Niederlage und die erzwungene religiöse Einheit kennzeichneten das Verschwinden Böhmens von der europäischen Landkarte.

Die dänische Phase

Durch den Einmarsch der Habsburger in pfälzisches Gebiet und die Niederwerfung des pfälzischen Kurfürsten wurde die katholische Zentralgewalt des Reiches gestärkt. Das führte wiederum zu einem neuen, gegen die Habsburger gerichteten Bündnis zwischen England, Dänemark, Holland und Frankreich. Ferdinand II. gelang es jedoch, mit Hilfe des böhmischen Feldherren Albrecht von Wallenstein, der ein starkes kaiserliches Heer geschaffen hatte, und des bayrischen Grafen Johann Tserclaes von Tilly, dem das Heer der Katholischen Liga unterstand, die protestantischen Gegner zu schlagen.

Die österreichische Linie

Unbekannter Meister, Die Schlacht am Weißen Berg, *Rom, Kirche Santa Maria della Vittoria.*

Daraufhin marschierte er in Dänemark ein und zwang König Christian IV. im Lübecker Frieden (1629) dazu, das Bündnis zu verlassen. Anlässlich seines Sieges erließ der Kaiser das sogenannte Restitutionsedikt: Alle nach 1552 von den Protestanten beschlagnahmten Kirchengüter sollten, entsprechend den Bestimmungen des Augsburger Religionsfriedens, an die Kirche zurückgegeben werden. Die Regelungen des Augsburger Religionsfriedens hatten sich jedoch im Laufe der Jahre, angesichts der komplexen politischen und religiösen Situation, als unzureichend erwiesen. Die Zentralisierungsstrategie des Kaisers stand im klaren Gegensatz zu den Interessen der protestantischen Landesfürsten, die keinerlei Absicht hatten, die bereits säkularisierten und nunmehr vererbbaren Ländereien, Abteien, Klöster und Bistümer an die Kirche zurückzugeben und der kaiserlichen Rechtsprechung zu unterstellen.

Die schwedische Phase

Die Expansion der Habsburger nach Norden stellte sich für die baltischen Länder als Bedrohung ihrer Freiheit dar. Mit dem Eingriff der Schweden und ihres ruhmreichen Königs Gustav II. Adolf flammte daher der Krieg erneut auf.

Dem schwedischen König gelang es, nachdem sein Heer in Deutschland an Land gegangen war, die kaiserlichen

---

Die Schlacht am Weißen Berg

Ripellino beschreibt in seinem bereits erwähnten Werk Magisches Prag *die Schlacht am Weißen Berg als jenes wundersame Ereignis, das Prag mit seinen darauf Bezug nehmenden Statuen, Monumenten, Exvoten und anderen Erinnerungsstücken in eine regelrechte Schatzkammer verwandelt habe. Er vergleicht die Stadt, die beharrlich an ihrer glanzvollen Vergangenheit festhält, mit einem störrischen Tier, das sich nicht weiterbewegen will. Für Ripellino scheint Prag in der Zeit stehen geblieben zu sein.*

Die Habsburger

Truppen mehrfach zu schlagen und in Richtung Wien vorzudringen.

Er fiel im November 1632 in der Schlacht von Lützen bei Leipzig. Nach dem Willen des Regenten der noch unmündigen Prinzessin Christina von Schweden wurde der Krieg jedoch fortgesetzt. Das österreichische Heer, das sich mit dem spanischen Heer zusammengeschlossen hatte, konnte die Gegner schließlich 1634 in Bayern endgültig schlagen.

Mit dem Prager Frieden des folgenden Jahres erhielt Ferdinand II. von den protestantischen Kurfürsten Sachsens und Brandenburgs die Zusage zur Beilegung des Konflikts. Im Gegenzug musste er das Restitutionsedikt aufheben. Anstelle eines Bürgerkriegs auf deutschem Boden gab man damals aus taktischen Gründen einer Versöhnungspolitik den Vorzug.

Die französische Phase

Obwohl der Religionskonflikt innerhalb Deutschlands beigelegt wurde, endeten die Streitigkeiten nicht, sondern weiteten sich vielmehr zu einem europaweiten Krieg aus.

An der Seite von Holland, Schweden und einigen italienischen Fürsten, griff zunächst Ludwig XIII., auf Initiative seines ersten Ministers Richelieu, und später, unter der Führung von Jules Mazarin, sein Nachfolger Ludwig XIV. in den Konflikt ein. Zehn Jahre lang lieferten sich die feindlichen Heere, insbesondere auf deutschem Boden, erbitterte Kämpfe und gelangten schließlich bis vor die Tore Wiens.

In den meisten Schlachten, die oft mit gewaltsamen Übergriffen und Plünderungen einhergingen, waren die Habsburger unterlegen. Die Kämpfe hatten sowohl auf wirtschaftlicher als auch auf sozialer und kultureller Ebene verheerende Folgen für Deutschland. Drei Jahre dauernde, zähe Verhandlungen zwischen den verfeindeten Ländern führten schließlich 1648 zum Westfälischen Frieden, der auf ganzer Linie eine

Die österreichische Linie

Generalabrechnung mit den besiegten Habsburgern darstellte. Frankreich erhielt das Elsass und Lothringen, während Spanien dazu gezwungen wurde, die endgültige Unabhängigkeit der Vereinigten Provinzen der Niederlande anzuerkennen.

Hinsichtlich der konfessionellen Streitigkeiten wurden die Bestimmungen des Augsburger Religionsfriedens erneut bekräftigt. Mit Ausnahme von Österreich, das katholisch blieb, gestand man den Protestanten im Reich das Recht auf Ausübung ihrer Religion zu.

Der Versuch der Habsburger, die Einheit des Reiches wieder herzustellen, war gescheitert. Stattdessen verfestigte sich die Zersplitterung der deutschen Gebiete weiter. Der Westfälische Friede führte somit zu einer Neuordnung der politisch-religiösen Verhältnisse und kennzeichnete den Niedergang der habsburgischen Macht sowie den Aufstieg Frankreichs.

Damit war der Beginn einer modernen internationalen Politik besiegelt, gemäß der Europa als ein einheitliches System begriffen wurde, das sich auf das Gleichgewicht der großen Staaten gründete.

Der ausschweifende Stil des Barocks spiegelt sich auch in den Militäruniformen des 17. Jh. wieder.

Aus der Heeresordnung Wallensteins

Dort heißt es unter anderem, dass man weder Pflüge stehlen noch Mühen beschädigen oder gar zerstören dürfe, und dass es ebenso wenig erlaubt sei, Getreide, Mehl oder Wein zu verderben. Auch die Unterdrückung und Ausplünderung der Untertanen und Bewohner der Städte des eigenen Landes während des Vormarsches oder Rückzuges der Truppen und beim Errichten von Feldlagern wird dort strikt untersagt. Es dürfe kein Schaden entstehen und alle lebenswichtigen Dinge müssten bezahlt werden. Wer dieser Verordnung zuwider handle, so weiter, werde mit dem Tod bestraft.

93

Die Habsburger

Das barocke Österreich

Der Zeitraum zwischen der Schlacht am Weißen Berg und dem Aufstieg Maria Theresias von Österreich zur Kaiserin war für die Geschichte Österreichs jene glanzvolle Habsburger Ära, deren Merkmale sowohl hinsichtlich der Kunst als auch hinsichtlich des geistig-intellektuellen, religiösen und politischen Lebens im allgemeinen als *Barock* bezeichnet werden.

Die Herrschaft von Ferdinand II. und Ferdinand III. entspricht der Zeit des Frühbarocks, gefolgt vom Hochbarock unter Leopold I. und dem Spätbarock unter der Herrschaft von dessen Söhnen Joseph I. und Karl VI. Trotz der wirtschaftlichen Einbußen im Zuge des Dreißigjährigen Krieges, fanden die österreichischen Habsburger in diesem Zeitraum, vor allem durch das von den Jesuiten vorangetriebene Wiedererstarken des Katholizismus, zu einer neuen Geschlossenheit zurück. Die im Zeichen der Gegenreformation nach außen bekundete Religiosität in Form von Pilgerfahrten, eucharistischen Prozessionen, der Heiligen- und Marienverehrung, der Restaurierung und Neuerrichtung von Klöstern und Wallfahrtskirchen verlieh dem habsburgischen Gebiet einen einheitlichen Charakter. Die österreichischen Habsburger verdrängten die bereits in der Phase des Niedergangs begriffene spanische Linie und konnten sich damit rühmen, im Osten siegreich gegen die Osmanen zu kämpfen und im Westen gegen die Angriffspolitik Frankreichs vorzugehen. Ferdinand III. (1608–1657), der 1637, als Nachfolger seines Vaters Ferdinand II., das Amt des Kaisers übernommen hatte, fiel die Aufgabe zu, die schwierigsten Jahre des Dreißigjährigen Krieges zu meistern und den Westfälischen Frieden zu unterzeichnen.

Der Schlosspark von Schönbrunn in Wien mit der Schlossfassade im Hintergrund.

Die österreichische Linie

Jan Matejko, Johann III. Sobieski vor Wien (Ausschnitt), 1883, Vatikanstadt, Musei Vaticani, Sala del Sobieski.

Sein Sohn Leopold I. (1640–1705) war zwar weder politisch noch strategisch-militärisch besonders talentiert, legte aber bei der Wahl seiner Mitarbeiter und Feldherren große Umsicht an den Tag. Er konzentrierte seine gesamte Kraft auf den Krieg gegen die Osmanen sowie den um die spanische Erbfolge, wobei er als Kandidaten seinen eigenen Sohn Karl unterstützte.

Wien als Bollwerk gegen die Osmanen

Unter Sultan Mehmed IV. begann ab 1663 eine erneute Offensive der Osmanen gegen die habsburgischen Gebiete. Zwar ging das kaiserliche Heer siegreich aus der ersten Schlacht hervor, sah sich jedoch gleich darauf mit einem gegen die Habsburger gerichteten Aufstand konfrontiert, den der ungarische Adel angezettelt hatte, um sich die Situation zunutze zu machen.

Zwanzig Jahre später besetzten die Osmanen bei einem erneuten Vormarsch weite Teile Ungarns und drangen bis zu den Toren Wiens vor. Dank der polni-

Das Wiener Versailles

1695 begann der österreichische Architekt Fischer von Erlach im Auftrag von Kaiser Leopold I. mit dem Bau des bei Wien gelegenen Schlosses Schönbrunn. Nach den ursprünglichen Plänen sollte diese Sommerresidenz des Hofes das Versailles des Sonnenkönigs in Glanz und Pracht noch übersteigen. Durch die Eingriffe der verschiedenen Architekten, die in der Folge die Arbeiten übernahmen, kam es jedoch zu einer Umstrukturierung: An Stelle des prunkvollen, die kaiserliche Macht symbolisierenden Palastes entstand eine vornehme Residenz mit intimer Atmosphäre, ein von einem weitläumigen Park umgebener Ort der Wonne. Mit seinen 1441 Zimmern, 390 Sälen und 149 Küchen war Schloss Schönbrunn die Lieblingsresidenz von Kaiserin Maria Theresia. Hier gab ihr das Wunderkind Mozart eines seiner ersten Konzerte, hier bezog Napoleon Bonaparte Quartier und fand der Wiener Kongress statt. Hier dirigierte Johann Strauss seine berühmtesten Walzer und hier starb auch Kaiser Franz Josef I.

95

schen Kavallerie des mit Österreich verbündeten Königs Johann III. Sobieski, konnten sie zunächst zurückgedrängt, und schließlich durch Prinz Eugen von Savoyen, der als Feldherr im österreichischen Heer diente, in der Schlacht bei Zenta an der Theiß geschlagen werden. Mit dem 1699 geschlossenen Friede von Carlowitz fielen alle von den Osmanen in Ungarn und auf dem Balkan besetzten Gebiete an das Haus Österreich zurück.

Der spanische Erbfolgekrieg

Vor seinem Tod hatte Karl II., als letzter Vertreter der spanischen Habsburger, seinen Großneffen Philipp von Anjou zum Thronfolger bestimmt, der wiederum ein Enkel des Königs von Frankreich, Ludwig XIV., war. Karl setzte sich jedoch gleichzeitig dafür ein, die beiden Königreiche voneinander getrennt zu halten. Ludwig XIV. befürwortete die Ernennung Philipps, hatte allerdings nicht die Absicht, Karls testamentarische Verfügung hinsichtlich der Verbindung der beiden Reiche zu befolgen. So kam es zu einer Reaktion der übrigen europäischen Dynastien, die das Gleichgewicht in Europa bedroht sahen und sich gegen ihn verbündeten. Der über dreizehn Jahre dauernde Krieg (1700–1714) zwischen Österreich, England und Holland auf der einen und Frankreich sowie Spanien auf der anderen Seite, endete mit dem Frieden von Utrecht und dem Rastatter Frieden. Mit diesen Verträgen wurde Philipp V. von Anjou als König von Spanien bestätigt, die politische Niederlage Frankreichs verkündet und die spanische Vormacht in Italien beendet, die nunmehr an Österreich ging. Die Habsburger bekamen die Lombardei mit dem Herzogtum Mantua, das Königreich Neapel und Sardinien.

Joseph I.

Nach dem Tod seines Vaters Leo-

Louis Michel van Loo,
Philipp V. und Familie.

Die österreichische Linie

Bildnis von Kaiser Joseph I. Als ältester Sohn von Leopold I. wurde Joseph 1687 im Alter von nur neun Jahren zum König von Ungarn ernannt, im Zuge eines Aufstandes ungarischer Adliger je-doch wieder abgesetzt. Als er die Nachfolge seines Vaters als Kaiser antrat, wurde ihm der ungarische Königstitel erneut zugesprochen und er legte die Streitigkeiten mit dem ungarischen Adel bei.

pold I. setzte Kaiser Joseph I. (1678–1711) den Krieg um die spanische Erbfolge zu Gunsten der Kandidatur seines jüngeren Bruders Karl fort. Dieser landete mit Unterstützung der englisch-holländischen Flotte in Lissabon, ließ sich in Katalonien zum König ernennen (1705) und drang bis nach Madrid vor. Dort wurde er jedoch von den französisch-spanischen Truppen vertrieben. In Österreich verfolgte Joseph I. eine Reformpolitik: Er baute die Verwaltung ab, ordnete das Finanzwesen neu und gründete die Wiener Stadt-Bank. Als er frühzeitig verstarb, folgte ihm sein Bruder Karl VI. auf den Kaiserthron. Er führte den spanischen Erbfolgekrieg zu Ende, wobei er auf seine Rechte hinsichtlich der spanischen Krone verzichtete.

Schloss Belvedere

Das Schloss Belvedere in Wien war Residenz eines der wichtigsten Herren Österreichs, des Prinzen Eugen von Savoyen. Im Kampf gegen die Osmanen während der Belagerung von Wien 1683 und im spanischen Erbfolgekrieg stand er als siegreicher Feldherr im Dienst der Habsburger. Das Schloss, dessen Bau 1716 von dem Architekten Johann Lucas von Hildebrandt begonnen und 1728 von Fischer von Erlach beendet wurde, ist ein großartiges Beispiel der Wiener Barockarchitektur. Es passt sich vollkommen in das Stadtbild ein und ist von einer raffiniert gestalteten geometrischen Gartenanlage, mit Beeten, Wäldchen, Wegen, kleinen Plätzen und Wasserspielen umgeben. Außerhalb des wunderschönen terrassenförmigen Gartens, von dem aus Prinz Eugen, während seiner Sommeraufenthalte, den Blick auf Wien genießen konnte, ließ Fischer von Erlach eine Dampfmaschine errichten, die dazu diente, die Fontänen der Brunnen bis zu einer Höhe von 23 Metern emporsteigen zu lassen, womit er gänzlich der im 18. Jh. typischen Vorliebe für Wasserspiele entsprach. Schloss Belvedere wurde später zur Residenz des österreichisch-ungarischen Thronfolgers Erzherzog Franz Ferdinand, der 1914 in Sarajevo einem Attentat zum Opfer viel.

97

Die Habsburger

Von Karl VI. bis zu Maria Theresia

Bildnis Kaiser Karls VI.

Karl VI. (1685–1740) kehrte nach dem Tod seines Bruders Joseph I. von Spanien nach Wien zurück, um als Thronfolger das Amt des Kaisers zu übernehmen.

Seine Erfahrungen im spanischen Erbfolgekrieg und die Enttäuschung darüber, die beiden habsburgischen Reiche nicht in seiner Hand vereinigen zu können, brachten ihn dazu, die sogenannte *Pragmatische Sanktion* zu erlassen.

Dabei handelte es sich um ein neues Gesetz, mit dem alle Zweifel und Missverständnisse hinsichtlich der habsburgischen Erbfolge beseitigt und die Unteilbarkeit der Herrschaftsgebiete des Hauses Österreich festgeschrieben wurden. Das Recht auf die Thronfolge wurde zunächst den Kindern Karls, egal ob Sohn oder Tochter, zugesprochen. An zweiter Stelle kamen die beiden Töchter Josephs I. sowie deren Nachkommen, und schließlich die Schwestern von Joseph und Karl und deren Erben.

Diese Festlegung führte zu negativen Reaktionen seitens der übrigen europäischen Mächte, die durch die zukünftige absolute Unteilbarkeit der habsburgischen Gebiete das politische Gleichgewicht in Europa bedroht sahen.

Karl war daher, im Gegenzug für die Anerkennung der *Pragmatischen Sanktion*, zu einigen politischen Opfern und einer Reihe von militärischen Maßnahmen gezwungen, die vor allem strategischen und diplomatischen Charakter hatten.

An der Seite von Russland nahm er gegen Frankreich und Spanien am polnischen Thronfolgekrieg (1733–1735) teil, und unterstützte die Kandidatur des sächsischen Kurfürsten. Er stellte sich gegen die Gebietsansprüche von Karl III., einem Sohn Philipps V. aus dessen zweiter Ehe mit der ehrgeizigen Elisabetta Farnese, musste ihm jedoch später das Königreich Neapel und Sardinien überlassen.

Von der Aufklärung zur Restauration

> ### Die Wiener Karlskirche
>
> *Die Karlskirche, ein Meisterwerk des Wiener Spätbarocks, wurde von dem genialen Architekten Johann Bernhard Fischer von Erlach entworfen. Als er verstarb, übernahm sein Sohn die Leitung der Arbeiten. Die Kirche, deren Errichtung Karl VI. 1713, im Jahr der Pest, seinem Namenspatron, dem hl. Karl Borromäus gelobt hatte, wurde 1737 vollendet. Sie ist ein glänzendes Beispiel für die barocke Konzeption der Einheit von religiöser und politischer Macht, von Katholizismus und Kaiserreich. Ebenso wie das politische Handeln des Auftraggebers durch die harmonische Verschmelzung verschiedener, bisweilen gegenläufiger historischer Traditionen gekennzeichnet war, muss auch die stilistische Homogenität dieser Kirche als das Ergebnis einer gewagten Zusammenstellung und harmonischen Verschmelzung von verschiedenen architektonischen Elementen und Stilen gesehen werden.*

Darüber hinaus ließ sich Karl in einen missglückten Krieg gegen die Osmanen verwickeln, der ihm den Verlust von Belgrad und einigen Gebieten auf dem Balkan brachte. Um den englischen Kolonialhandel zu fördern, löste er außerdem die Österreich-Ostindische Kompanie auf. Bereits seit 1723 hatte Karl VI. seine zweitgeborene Tochter Maria Theresia als Ehefrau für Franz Stephan von Lothringen vorgesehen, aber sein Plan, mittels dieser Ehe die österreichischen Gebiete und Lothringen zu vereinigen, wurden durch Frankreich vereitelt.

Als Folge aus der habsburgischen Niederlage im polnischen Thronfolgekrieg, wurden dem jungen Herzog Franz Stephan die Gebiete seiner Ahnen im Austausch gegen das Großherzogtum Toskana entzogen. 1736 heirateten Franz Stephan und die noch nicht einmal zwanzigjährige Maria Theresia. Die beiden Eheleute lebten in aufrichtiger Liebe zusammen. Sie hatten fünf Söhne und elf Töchter, die sich, entsprechend der habsburgischen Heiratspolitik, mit den wichtigsten europäischen Dynastien verschwägerten.

Die Wiener Karlskirche.

Die Habsburger

Die große Kaiserin

Am 20. Oktober 1740 starb Karl VI. und Maria Theresia (1717–1780) trat die Nachfolge in Österreich, Ungarn und Böhmen unter der Mitregentschaft ihres Ehemanns Franz I. Stephan an.

Trotz der *Pragmatischen Sanktion* fochten der Kurfürst Karl Albrecht von Bayern, der polnische König August III, Philipp V. von Spanien, der König von Frankreich Ludwig XV. und der preußische König Friedrich II. die Nachfolge an. Aus unterschiedlichen Gründen erhoben sie entweder selbst Ansprüche auf den Thron oder auf bestimmte habsburgische Gebiete.

Den Anstoß zu einem regelrechten Erbfolgekrieg gab der preußische König, der in Schlesien, einer Region Böhmens mit zahlreichen Bergwerken und Textilmanufakturen, einmarschierte.

Die noch junge und unerfahrene Maria Theresia, die lediglich über ein ungeordnetes Heer und leere Staatskassen verfügte, stand dem geschlossenen Block der europäischen Gegner allein gegenüber. Sie konnte einzig auf die Neutralität Englands und die konkrete Unterstützung Ungarns zählen.

Nachdem der bayerische Kurfürst mit Hilfe von Frankreich Prag besetzt hatte, ließ er sich 1742 in Frankfurt als Karl VII. zum Kaiser wählen.

Als er drei Jahre später unverhofft starb, kam es zu einer Einigung zwischen dem neuen Kurfürsten von Bayern und Maria Theresia.

Die Auflösung des Bündnisses vereitelte auch die militärischen Siege Frankreichs und Preußens und ebnete den Weg für die Wahl von Franz I. Stephan, dem Ehemann Maria Theresias, zum Kaiser. Der Krieg wurde jedoch mit großer Heftigkeit auf deutschem Boden weitergeführt und dehnte sich bis in die Niederlande und nach Italien aus. Die allgemeine Erschöpfung und das Eingreifen der russischen Zarin Elisabeth an der Seite Österreichs, brachten die beiden Fronten schließlich dazu, den Konflikt beizulegen.

Eine zärtliche Ehefrau

Anlässlich des Todes ihres Ehemanns Franz I. Stephan zieht Maria Theresia in einem Tagebucheintrag folgendes Resümee: Da ihr Mann am 18. August 1765 um halbzehn am Abend verstorben sei, habe er 680 Monate gelebt, was 2958 Wochen, 20708 Tagen oder 496 992 Stunden entspräche. Ihre

glückliche Verbindung mit ihm, so heißt es weiter, habe 29 Jahre, sechs Monate und sechs Tage gedauert, oder anders ausgedrückt, 354 Monate, 1540 Wochen, 10781 Tage oder 258 744 Stunden. Maria Theresia hält fest, dass die Hochzeit, ebenso wie sein Tod, an einem Sonntag erfolgt sei.

Von der Aufklärung zur Restauration

Mit dem 1748 geschlossenen Frieden von Aachen wurde die *Pragmatische Sanktion* bekräftigt und Franz I. Stephan als Kaiser bestätigt. Zugunsten von Friedrich II. verzichteten die Habsburger jedoch auf Schlesien und traten einige Gebiete von Piemont an die Savoyer sowie die Herzogtümer Parma und Piacenza an die Bourbonen ab. Maria Theresia, die den Verlust von Schlesien nicht hinnehmen wollte und eine antipreußische Politik verfolgte, ließ einige Jahre später die Feindseligkeiten gegen Friedrich II. wieder aufleben, kippte die vorangegangenen Bündnisse und erhielt die Unterstützung Frankreichs.

Dieser zweite, sogenannte siebenjährige Krieg (1756–1763) brachte Österreich nicht den gewünschten Erfolg und bestätigte den preußischen Anspruch auf Schlesien.

Nach Beendigung der Kriege wandte sich Maria Theresia der Innenpolitik und einem weitreichenden, innovativen Reformprogramm zu, das, den Ideen des aufgeklärten Absolutismus entsprechend, auf die Stärkung des habsburgischen Staates und auf das Wohl der Untertanen abzielte.

Martin van Mytens d. J.,
Die Kaiserliche Familie auf der Schönbrunner Schlossterrasse *(Ausschnitt),*
Wien, Akademie der Bildenden Künste.

Religion und Bildung

Hinsichtlich religiöser Fragen erwies sich Maria Theresia als streng an die katholische Tradition gebunden. Sie verweigerte die Religionsfreiheit und betrieb systematisch die Deportation von Protestanten und die Ausweisung der Juden aus dem Land.

Ihre Konzeption der Autorität des Herrschers gegenüber allen, einschließlich des Klerus, brachte sie dagegen zu einer äußerst innovativen Kirchenpolitik.

Sie beschränkte entschieden die Macht des Klerus und verpflichtete ihn zu denselben Abgaben wie den Adel. Besuche der päpstlichen Nuntien wurden verboten und der Klerus konnte nur noch mittels der Außenminister mit Rom kommunizieren. Der Staat hatte die Aufgabe, die Kirchenverordnungen zu prüfen und die religiöse Presse zu zensieren. Auch die Schulpolitik zielte auf Verstaatlichung ab und war in gewisser Weise laizistisch geprägt. Für die unteren Schichten wurden verpflichtend drei Volksschulklassen in deutscher Sprache eingeführt und eine Reform der Universitäten in Gang gesetzt. Die Kaiserin führte neue, an Wirtschafts-, Politik- und Sprachwissenschaften gekoppelte Lehrfächer ein, und versah die bestehenden Institutionen mit neuen Mitteln und Strukturen.

Verwaltung und Wirtschaft

Maria Theresia verwandelte den absolutistisch-feudalistischen Staat in einen zentralisierten absolutistischen Verwaltungsstaat. Zu diesem Zweck schloss sie die böhmische und die österreichische Hofkanzlei zusammen, die bei inneren Angelegenheiten und Fragen des Finanzwesens Aufgaben der Exekutive übernahmen. Außerdem entmachtete sie die Reichstage mit den Vertretern der Stände und setzte stattdessen in den verschiedenen Landkreisen Regierungsbeamte ein. Sie schaffte die Privilegien der Feudalherren ab verpflichtete auch den Adel zu Steuerabgaben.

Hinsichtlich der Situation der Bauern, die vor allem in den slawischen Ländern noch unter den Bedingungen der Leibeigenschaft lebten, bemühte sich Maria Theresia darüber hinaus um eine Reform, die durch ihren Sohn Joseph II. mit dem Ziel fortgeführt wurde, die sogenannten *Corvées* abzuschaffen.

Im Rechtswesen setzte sie sich für eine Trennung von Verwaltungs- und Justizbehörde ein und ließ ein Strafgesetzbuch veröffentlichen, das in allen Gebieten des Reiches gleichermaßen Gültigkeit hatte. Sie beauftragte eine Kommission, ein Bürgerliches Gesetzbuch, den *Codex Theresianus*, zu verfassen.

Auf wirtschaftlichem Gebiet vertrat die Kaiserin eine liberale Haltung und förderte Industrie und Handel. So schuf sie zum Beispiel die Zollabgaben zwischen Österreich und Böhmen ab, ließ große Produktionsstätten errichten und den Hafen von Triest erweitern.

Von der Aufklärung zur Restauration

Entwurf zur städtebaulichen Anpassung Triests an die Erfordernisse des Freihafens.

Im Bereich des Geldwesens war die wichtigste Neuerung die Ausgabe des ersten Papiergeldes seitens der Wiener Stadt-Bank.

Das Grundkataster

In den ihr unterstehenden Herrschaftsgebieten führte Maria Theresia als Neuerung das Grundkataster ein. Es handelte sich um eine Bestandsaufnahme allen Grundbesitzes, die als Grundlage für die Besteuerung dienen sollte. Jeder Grundbesitzer wurde zu Abgaben verpflichtet, die im Verhältnis zu dem standen, was das Land an Ertrag bringen konnte. Auf diese Weise wurden die Steuereinnahmen erhöht und gleichzeitig die Landwirtschaft gefördert, denn das System sah Steuererleichterungen für diejenigen vor, die das Land durch Verbesserungsmaßnahmen ertragreicher gemacht hatten.

Triest, eine kosmopolitische Stadt

Nachdem Karl VI. ab 1717 den freien Schifffahrtsverkehr auf dem gesamten Adriatischen Meer sowie die Ein- und Ausfahrt in alle habsburgischen Häfen erlaubt hatte, verwandelte er Triest in einen Freihafen. Der Kaiser ließ darüber hinaus ein neues Viertel außerhalb der Mauern der Altstadt errichten, gründete die Österreich-Ostindische Kompanie und öffnete die Stadt für alle, die dort arbeiten und Geld investieren wollten. Allerdings versah er sie nicht mit jenen Strukturen, die für einen Wirtschaftsaufschwung notwendig waren. Unter Maria Theresia fand Triest schließlich zu seiner Identität als Seehandelszentrum. Es wurden neue Straßen und Molen gebaut, der Aquädukt instand gesetzt, ein Krankenhaus und ein Lazarett errichtet. Der wichtigste Schritt für die Entwicklung der Stadt war das Niederreißen der Mauern, die sowohl materiell als auch auf der Ebene der Verwaltung den alten und den neuen Teil der Stadt voneinander getrennt hatten. Dank Maria Theresia bekam Triest eine einheitliche Regierung. Durch die Verquickung traditioneller Merkmale mit dem vielseitigen unternehmerischen Charakter der neu entstandenen Handelswelt, entstand der Mythos einer dynamischen und kosmopolitischen Stadt.

Die Habsburger

Der aufgeklärte Absolutismus

Maria Theresia und Franz I. Stephan von Lothringen mit Nachthaube, während sie ihren Kindern am Nikolausabend die Geschenke überreichen, *Miniatur, Wien, Schloss Schönbrunn.*

Kurz vor dem Tod ihres Ehemanns Franz I. Stephan berief Maria Theresia 1764 ihren ältesten Sohn an die Seite der Regierung der österreichischen Erblande, behielt sich jedoch selbst die wichtigsten politischen Entscheidungen vor, da sie die Ideen des Sohnes für zu reformistisch und aufklärerisch hielt. Joseph II. widmete sich vor allem den militärischen Reformen sowie Rechts- und Finanzfragen. Dabei setzte er einige von der Mutter in Angriff genommene Pläne, wie die Abschaffung der Folter und die Einschränkung der Todesstrafe, endgültig um. Da er frühzeitig seine geliebte Frau Isabella von Bourbon-Parma und die einzige, noch sehr junge Tochter verlor, stürzte er sich, nach dem Tod der Mutter im Jahr 1780, vollkommen auf die Aufgabe, dem Staat zu dienen. Mit unermüdlicher Energie und Mut brachte er sein

Verschiedene Interpretationen des Josephinismus

Adam Wandruszka liefert uns in seinem 1956 erschienenen Werk Das Haus Habsburg *verschiedene Interpretationen des Josephinismus. Für den österreichischen Liberalismus des 19. Jh., so heißt es dort, war Joseph II. der Nationalheld, für den Antiklerikalismus war er der große »Reiniger des Glaubens und der Kirche«. Die Deutschen der Donaumonarchie, insbesondere Böhmens und Mährens, nannten ihn »Joseph den Deutschen« (da er, allerdings aus praktischen und weniger aus nationalistischen Gründen, in Ungarn die deutsche Sprache als Amtssprache einführen wollte). Den Radikalen und Demokraten galt er als »Kaiser des Volkes«, als »Feind des Adels« und »Befreier der Bauern«. Für die katholischen Schriftsteller und Gelehrten war er dagegen »Kirchenfeind«, »unbedeutender Aufklärer« und »Doktrinär«.*

Von der Aufklärung zur Restauration

> ### Des Kaisers neue Kleider
>
> *Im Zuge der Aufklärung veränderten sich seit der Zeit Maria Theresias im Haus Habsburg und an fast allen europäischen Höfen die kulturellen Interessen, der Lebensstil, die Art zu Wohnen und sich zu kleiden. Ebenso wie der repräsentative Prunkbau dem eher intimen Palast und dem Landsitz wich, veränderte sich auch die Kleidung der Kaiser. Maria Theresias Ehemann Franz I. Stephan, der eine Abneigung gegen Etikette und Zeremoniell hatte, zog die strenge Uniform der vornehmen Galakleidung vor. Sein Sohn Joseph II. wählte fast ausschließlich bürgerliche, schlicht und robust gehaltene Kleidung, Leopold II. liebte einfache Lodenmäntel und Franz Josef I. trug im darauf folgenden Jahrhundert, während der Jagd oder auf Ausflügen, kurze Tiroler Lederhosen.*

Reformprogramm voran, das durch den Geist der Aufklärung, durch Nationalbewusstsein und den hohen ethischen Anspruch an seine Pflicht als Herrscher geprägt war. Seine Regierung und seine Reformen kennzeichneten eine klare Zäsur zwischen Gegenwart und Vergangenheit und führten den Gedanken des Staatswohls ein, der für das Haus Österreich einen von nun an grundlegenden Wert darstellen sollte. Josephs Politik zielte vor allem darauf ab, den Lebensstandard des Volkes, das Gesundheitswesen und die Bildung zu verbessern und die habsburgischen Erblande endgültig in einem zentralistischen Verwaltungssystem zu vereinen. Um die Lebensbedingungen in den verschiedenen habsburgischen Gebieten kennen zu lernen, unternahm Joseph zahlreiche Reisen. Auf diese Weise bekam er tiefe Einsicht in die Wirklichkeit seiner Zeit und erlangte die Fähigkeit, die zukünftigen Entwicklungen des Reiches vorauszusehen. Er nahm allerdings wenig Rücksicht auf die Tradition, auf Vorstellungen und Bedürfnisse, die von den eigenen abwichen. In Situationen, in denen das politische Gleichgewicht auf dem Spiel stand, gelang es Joseph II. nicht, eine diplomatische Haltung einzunehmen, und seine psychologischen Fehler, die mit dem eisernen Willen gepaart waren, die Zentralisierung voranzutreiben, führten zu Protesten, Feindseligkeiten und zu wiederholtem Scheitern.

Trotz der Misserfolge war sein Werk vor allem auf dem Gebiet des Zivilrechts äußerst bemerkenswert. Mit dem Toleranzedikt von 1781 gestand er den Protestanten und Juden die freie Religionsausübung zu. Außerdem unterband er jegliche Form der Einmischung der katholischen Kirche in Bildungsangelegenheiten, in das Eherecht und die Pressezensur. Außenpolitisch war er mit der Aufteilung Polens beschäftigt, erzielte eine Einigung mit Preußen und Russland und den Anschluss Galiziens an Österreich.

Leopold aus der Toskana

Als dritter Sohn Maria Theresias und Franz I. Stephans war Leopold II. seit dem Tod des Vaters (1765) bis zum Tod seines Bruders Joseph (1790), dem er als Kaiser nachfolgte, Großherzog der Toskana. Er wurde am Wiener Hof, in einem durch die Aufklärung und einen reformorientierten Katholizismus geprägten Klima erzogen. Während seiner fünfundzwanzigjährigen Regierungszeit in der Toskana trieb er, mit der Unterstützung einiger angesehener Intellektueller und Ökonomen, wichtige Reformen voran. Um der großen Hungersnot zu begegnen, die vor allem die ärmsten Schichten getroffen hatte, führte er 1767 den freien Handel von Getreide ein.

Mit der Aufhebung der Zünfte und seiner Politik der Steuererleichterungen gab er der Wirtschaft neue Impulse. In der Landwirtschaft förderte er den Kleingrundbesitz der Bauern, ließ das Val di Chiana und große Teile der Maremma urbar machen und belebte darüber hinaus durch zahlreiche Maßnahmen Handel und Wirtschaft. Er ordnete die Verwaltung neu, gewährte den toskanischen Städten eine gewisse Autonomie gegenüber der Hauptstadt und beschnitt in erheblichem Maß die Privilegien des Klerus. Zur Vorbereitung der von ihm geplanten Schulreform stütze er sich auf die Zusammenarbeit mit dem großen, durch Rousseau beeinflussten Pädagogen Johann Heinrich Pestalozzi. Er gründete Schulen, Forschungszentren und neue Fakultäten an den Universitäten.

Leopolds Eingriffe in das Strafgesetzbuch, wie die Abschaffung der Todesstrafe, der Folter und der Beschlagnahmung von Gütern des Schuldigen, standen im Geist jener humanistischen Grundsätze, die Cesare Beccaria in seinem 1764 in Mailand erschienen Werk

---

Die Thermen von Montecatini

Die Mineralquellen von Montecatini, einer Ortschaft in der toskanischen Provinz Pistoia, waren zwar seit der Antike wegen ihrer therapeutischen Wirkung bekannt, gerieten aber im Lauf der Jahrhunderte immer mehr in Vergessenheit. Franz I. Stephan ordnete 1740 einige Restaurierungsmaßnahmen der alten Badeanlagen an, aber erst sein Sohn Leopold arbeitete 1775 einen vernünftigen Plan zur vollständigen

Nutzung derselben aus. Mit der technischen und wissenschaftlichen Unterstützung von Gelehrten und Architekten ließ er die Gegend trockenlegen und errichtete jene Anlagen, die heute als Terme Leopoldine *und* Tettuccio *bekannt sind.*

Leopold schenkte sie der Benediktinerabtei von Florenz, die sein Werk mit dem Bau weiterer Bäder, einer Herberge und eines Krankenhauses fortsetzte.

Von der Aufklärung zur Restauration

Dei delitti e delle pene zum Ausdruck gebracht hatte.

Die Liebe zur Wissenschaft

Von seinem Vater Franz I. Stephan hatte Großherzog Leopold die Liebe zur Wissenschaft und zur Technik geerbt. Er interessierte sich für Physik und fand gerade in jenen Jahren, in denen Alessandro Volta seine Forschungen betrieb, die ihn schließlich zur Erfindung der Batterie führten, großen Gefallen daran, seine 16 Kinder mit den damals sehr beliebten Experimenten und Spielen zur Elektrizität zu unterhalten. Ebenso wie sein Vater war er mit der Chemie vertraut und hatte einen eigenen Arbeitsplatz, an dem er Lösungen und Mixturen zubereitete. Auch in der Botanik, Zoologie und Mineralogie war er bewandert. Aus seinem Interesse an wissenschaftlichen Sammlungen entstand die Idee zur Gründung eines naturgeschichtlichen Museums, des heutigen *Museo della Specola* in Florenz. Er reiste viel, besichtigte Industrie- und Bergbauanlagen, Baustellen und Anlagen zur Trockenlegung von Land. In jenen Jahren hörte man aus dem England der beginnenden industriellen Revolution erstaunliche Nachrichten über die Erfindung neuer Maschinen und die Entdeckung neuer Energiequellen.

Bis dahin hatten für die habsburgischen Herrscher die künstlerischen Interessen und die Sammlung wichtiger Gemälde

Die Aufklärung war durch ein starkes Interesse an Geistes- und Naturwissenschaften geprägt. Es gab zahlreiche Gelehrte und Liebhaber der verschiedenen Wissenschaften, die sich, wie Kaiser Leopold, der Untersuchung und experimentellen Überprüfung von naturwissenschaftlichen Theorien widmeten. Die sogenannten »naturwissenschaftlichen Kabinette«, wie jenes hier dargestellte, waren damals sehr in Mode und viel besucht.

107

Die Hofdichter

Als große Mäzene von Künstlern und Literaten hatten die Habsburger bereits am Ende des 16. Jh. mit Maximilian II. die Tradition der Hofdichter ins Leben gerufen. Im 18. Jh. gab es zahlreiche italienische Dichter, die durch ihre Erfolge diesem Amt Ehre machten, zum Beispiel Apostolo Zeno, Pietro Metastasio, Giambattista Casti und Clemente Bondi. Der bekannteste von ihnen war Metastasio. Er wurde bereits von Karl VI. an den kaiserlichen Hof in Wien gerufen, und blieb dort unter Maria Theresia und deren Sohn Joseph II. bis zu seinem Tod im Jahr 1782. Er verfasste für den Hof zahlreiche Gelegen-heitsgedichte, Kantaten sowie Melodramen. Er inszenierte Theaterfeste und szenische Darbietungen mit religiösem oder weltlichem Inhalt und erstellte den Entwurf für das allegorische Deckenfresko im Festsaal des Hauptgebäudes der Österreichischen Akademie der Wissenschaften in Wien (1755), auf dem Maria Theresia und Franz I. Stephan als Beschützer aller Wissenschaften dargestellt waren. Sein berühmtestes, später von Mozart vertontes Opernlibretto La clemenza di Tito, verfasste er 1734 vor allem in der Absicht, den aufgeklärten Absolutismus des Wiener Hofes zu verherrlichen.

und Skulpturen im Vordergrund gestanden, um auf diese Weise das Prestige des Hauses zu stärken. Nun überwog dagegen die Liebe zu Wissenschaft und Technik, die dem Geist der Aufklärung entsprach und letztlich darauf abzielte, die allgemeinen Lebensbedingungen der Völker zu verbessern.

Ein republikanischer Monarch

Als Joseph II. 1790 verstarb, musste Leopold II. das Großherzogtum Toskana schweren Herzens seinem Sohn Ferdinand III. überlassen.

Er kam ausgerechnet in jener Zeit nach Wien, als sich in Österreich sowohl Adel als auch Klerus gewaltsam gegen die drastischen Reformen von Joseph II. zur Wehr setzten und sich die Gefahr eines erneuten Krieges gegen die Osmanen, ein Konflikt mit Preußen und Russland sowie ein Aufstand in Ungarn und den Niederlanden abzeichnete.

Leopold arbeitete Reformpläne aus, die das Ergebnis seiner Regierungserfahrungen und Studien in der Toskana waren. Durch einen engen Briefkontakt unterrichtete er die nächsten Angehörigen von seinen geplanten Maßnahmen. Seiner Schwester Marie Christine schrieb er, dass nach seiner politischen Auffassung ein Herrscher, auch wenn er sein Amt auf Grund von Erbfolge angetreten habe, nichts weiter als ein Vertreter des Volkes sei. Er müsse sein gesamtes Augenmerk auf das Wohl des Volkes lenken. Jedes Land brauche ein Grundgesetz oder eine vertragliche Regelung zwischen Volk und Herrscher, um die Macht des Letzteren zu beschränken. Sollte sich der Herrscher nicht an dieses Gesetz halten, würde er seine allein durch dieses legitimierte Position verlieren und das Volk wäre von jeglicher Pflicht zum Gehorsam entbunden.

Von der Aufklärung zur Restauration

Mit seinen um Ausgleich und Frieden bemühten Interventionen gelang es Leopold II., die außenpolitischen Probleme zu lösen und Kriege zu verhindern. Darüber hinaus stabilisierte er die innenpolitische Situation durch eine Reihe von Zugeständnissen an die privilegierten Klassen. Ein Jahr bevor er zum Kaiser ernannt wurde, brach die französische Revolution aus und obwohl sich Leopold als Bruder von Königin Marie-Antoinette persönlich betroffen fühlte, stand er den Ereignissen doch positiv gegenüber. 1791 forderte er die europäischen Herrscher dazu auf, die französische Königsfamilie zu unterstützen und die Exzesse der Revolution unter Kontrolle zu bringen, wobei er jedoch auf ein militärisches Eingreifen verzichten wollte. Nach nur zweijähriger Regierungszeit starb er plötzlich nur wenige Tage bevor Frankreich Österreich den Krieg erklärte.

Mozarts Genialität ließ Österreich zum wichtigsten musikalischen Zentrum der Welt werden.

Mozart am Hof

1787 wurde der aus Salzburg stammende Wolfgang Amadeus Mozart von Joseph II. zum Hofkomponisten ernannt. Drei Jahre später komponierte Mozart, auf Anregung des Kaisers die Oper Così fan tutte. Als Leopold II. die Nachfolge seines Bruders antrat, widmete ihm der Komponist das Werk La clemenza di Tito, das 1791 anlässlich der Krönung in Prag aufgeführt wurde. Mozart hoffte, neben Antonio Salieri zum Hofkapellmeister ernannt zu werden. Aber wegen der Gleichgültigkeit, die der neue Herrscher gegenüber der Musik an den Tag legte, und wegen der feindseligen Haltung der Kaisergattin, die möglicherweise mit Gerüchten um ihr unmoralisches Betragen zusammenhing, wurden Mozarts Hoffnungen enttäuscht. Wenige Monate später starb er plötzlich unter ungeklärten Umständen. Obwohl es sich bei der angeblichen Vergiftung durch seinen Rivalen Salieri mit Sicherheit um eine Legende aus der Zeit der Romantik handelt, ist leider nicht zu bestreiten, dass der Kaiser seinen Tod kaum beachtete, so dass der große Musiker ein Armenbegräbnis erhielt und in einem Massengrab in Wien beigesetzt wurde.

Die Habsburger

Zwischen zwei Revolutionen

Im Juli 1792 wurde der älteste Sohn des verstorbenen Kaisers Leopold II. in Frankfurt als Franz II. (1768–1835) zum Kaiser gekrönt. Es war ein kritischer Zeitpunkt, denn das revolutionäre Frankreich hatte Österreich soeben den Krieg erklärt, da man es für ein Geheimabkommen mit Ludwig XVI. und die Initiative zur Gründung eines gegen die Revolution gerichteten Bündnisses europäischer Staaten verantwortlich machte. In den ersten Monaten des Jahres 1793 ließ die Enthauptung des französischen Königspaars die Herrscher Europas erschaudern und es kam zu einer ersten Koalition gegen Frankreich, bei der sich Österreich mit England, Spanien, nahezu allen italienischen Staaten und dem größten Teil der deutschen Fürstentümer verbündete. Nach einigen anfänglichen, kurzlebigen Erfolgen erlitten die Heere der Koalition, insbesondere in Italien, eine Reihe verheerender Niederlagen gegen das französische Heer unter Napoleon Bonaparte. Mit dem 1797 geschlossenen Frieden von Campo Formio wurde Mailand den Franzosen zugesprochen, Venedig,

Johann Peter Krafft, Der Einzug von Kaiser Franz I. in Wien 1814 *(Ausschnitt), 1828.*

110

Von der Aufklärung zur Restauration

Erzherzogin Marie Luise von Österreich, Tochter von Kaiser Franz I., die 1810 Napoleon heiratete.

Istrien und Dalmatien blieben dagegen unter der Herrschaft Österreichs, das 1801 mit dem Frieden von Lunéville das Großherzogtum Toskana verlor. Napoleons Aufstieg zur Macht und seine imperialistische Politik führten 1805 zur Bildung einer neuen Koalition, die für die beteiligten Staaten mit den schweren Niederlagen in der Schlacht von Elchingen bei Ulm und der Schlacht von Austerlitz endete. Österreich musste daraufhin Venetien an Frankreich abtreten und die napoleonischen Truppen marschierten in den Niederlanden, in Deutschland und Spanien ein. Auf Anraten des Außenministers Klemens Wenzel von Metternich erklärte Österreich Frankreich den Krieg. Napoleon, der über ein gut organisiertes, entschlossenes Heer verfügte, drang bis nach Wien vor, schlug die Österreicher und zwang sie zum Frieden von Schönbrunn, mit dem sie auf Tirol, Trient, Galizien und die illyrischen Provinzen mit den Häfen von Triest und Fiume verzichten mussten. Diese Niederlage, mit der das habsburgische Herrschaftsgebiet auf Österreich, Böhmen und Ungarn reduziert wurde, veranlasste Metternich dazu, in der Hoffnung auf bessere Zeiten für eine Revanche, eine Politik der Annäherung an Napoleon einzuschlagen. Um die Veränderung zu besiegeln, verzichtete Franz II. auf die Krone des Heiligen Römischen Reiches, da Napoleon erklärt hatte, diese nicht länger anzuerkennen. Darüber hinaus gab Franz ihm seine Tochter Marie Luise zur Frau. Nach dem verheerenden Russlandfeldzug (1812) wurde Napoleon von der Koalition in der Völkerschlacht bei Leipzig (1813) und der Schlacht von Waterloo (1815) endgültig geschlagen. Man verbannte ihn auf die Atlantikinsel St. Helena, wo er 1821 starb. Am Tag nach der Schlacht von Waterloo begann in Europa das Zeitalter der Restauration.

Die Restauration

Im Oktober 1814 begann der Wiener Kongress mit den wichtigsten Mächten, um Europa, nach den Unruhen der

Französischen Revolution und den Eroberungsfeldzügen Napoleons, wieder eine stabile Ordnung zu verleihen.

Unter Anwendung des Prinzips der Legitimität, das den von Napoleon entmachteten Herrschern auf den Thron zurück verhalf, und des Prinzips des Gleichgewichts zwischen den Mächten, wurde die politische Landkarte des Kontinents neu gestaltet. Dagegen blieb das Streben der Völker nach nationaler Unabhängigkeit und bürgerlichen Reformen unbeachtet. Österreich bekam seine italienischen und slawischen Besitztümer zurück und hatte, dank der verwandtschaftlichen Beziehungen mit verschiedenen Dynastien, die Kontrolle über weite Teile Italiens und Deutschlands.

Als geschickter politischer Stratege festigte Metternich die neue Ordnung des Kontinents, indem er die Heilige Allianz mit Preußen und Russland und das Viererbündnis mit Russland, Preußen und England gründete. Mit diesen Abkommen sicherte man sich gegenseitige militärische Hilfe zu, um jeglichen Versuch einer politischen Erhebung nach dem Vorbild der französischen Revolution im Keim zu ersticken.

Auf dem Weg zur 48er Revolution

Franz I., der unter dem starken Einfluss seines ersten Ministers stand, stärkte die absolute Monarchie, indem er einige der Reformen rückgängig machte, die unter den Kaisern der Aufklärung eingeführt worden waren, und ein reaktionäres Klima mit scharfer polizeilicher Überwachung in allen Gebieten des Reiches schuf. Er schlug den Aufstand der Karbonari in Italien gewaltsam nieder, führte die Zensur wieder ein und beschnitt die Meinungsfreiheit. Diese politische Linie verschärfte sich noch, als nach dem Tod von Franz I. dessen charakterschwacher, unentschlossener, an Epilepsie leidender Sohn Ferdinand I. die Nachfolge antrat. Da es dem Kaiser nicht gelang, sich in Regierungsfragen durchzusetzen, stellte man ihm einen Regentschaftsrat an die

Delegierte des Wiener Kongresses 1814–1815 (Ausschnitt), Kupferstich nach einem Gemälde von Jean Baptiste Isabey, Mailand, Museo del Risorgimento.

Von der Aufklärung zur Restauration

> ## Der Wiener Kongress
>
> *In einem Artikel für das 1969 in Mailand erschiene Werk* Storia del Mondo Moderno *beschreibt der Historiker E.V. Gulick den Wiener Kongress als willkommenen Anlass für große Festlichkeiten, mit denen Adel und Herrscher den alten Glanz des 18. Jh. wieder aufleben lassen wollten. Zahlreiche Fürsten, Aristokraten, Touristen, Händler, Spione und Taschendiebe, so heißt es dort, drängten nach Wien. In seiner gewissenhaften, konservativen und schlichten Art sei Kaiser Franz I. von Österreich ein großzügiger Gastgeber gewesen, auch wenn er dadurch die Staatsfinanzen erheblich belastete. Das für die Festlichkeiten zuständige Hofkomitee habe für die zahlreichen Gäste ein reichhaltiges Programm mit Bällen, Schlitten- und Eislaufwettkämpfen, Treibjagden, Reitturnieren, Konzerten und üppigen Banketten zusammengestellt.*
>
> *Angesichts der Tatsache, dass so viel Energie für gesellschaftliche Amüsements vergeudet wurde, so Gulick, haftete dem Wiener Kongress bald der Ruf der Oberflächlichkeit und Verantwortungslosigkeit an.*

Seite, zu dem, neben Metternich, auch der moderatere Innenminister Kolowrat-Liebsteinsky und Ferdinands Bruder Franz Karl gehörten. Das Jahrzehnt vor dem Ausbruch der 48er Revolution zeichnete sich durch ein entspannteres Klima, weniger polizeiliche Überwachung und einen gewissen Liberalismus aus. Während des Aufstands in Wien am 13. März 1848 beschloss Ferdinand, in der Hoffnung, die Aufständischen auf diese Weise zu besänftigen, Metternich zu entlassen. Aus Angst vor den möglichen revolutionären Entwicklungen versprach er den Aufständischen zunächst großzügige Zugeständnisse. Später zog er sich aus der Hauptstadt zurück und vertraute die Situation den Generälen seines Heers an, die den Aufstand innerhalb von kurzer Zeit niederschlugen.

Italien

Im Zuge der in ganz Europa wieder auflebenden revolutionären Unruhen, die sich gegen die Restauration richteten, wurden die österreichischen Garnisonen auch aus Lombardo-Venetien, Venedig und Mailand vertrieben und dazu gezwungen, sich in die Hochburg des kaiserlichen Heeres, das Festungsviereck zwischen Verona, Peschiera, Mantua und Legnago zurückzuziehen. Am 24. März erklärte der König von Piemont-Sardinien, Karl Albrecht von Savoyen, auf Drängen der italienischen Freiheitskämpfer, Österreich den Krieg. Nach einigen anfänglichen Siegen der Piemonteser, die militärisch von mehreren italienischen Staaten mit dem Ziel unterstützt wurden, Italien von den Habsburgern zu befreien und einen Föderalstaat zu gründen, wurde Karl Albrecht geschlagen und dankte zu Gunsten seines Sohnes Viktor Emanuel II. ab. Nach dem Ende des ersten italienischen Unabhängigkeitskrieges war ganz Lombardo-Venetien erneut in österreichischer Hand.

113

Die Habsburger

Mehr Franz als Joseph

Der gütige aber unfähige Kaiser Ferdinand I. dankte im Dezember 1848 ab und begrüßte als Nachfolger seinen 18jährigen Neffen Franz, den ältesten Sohn seines Bruders Franz Karl, mit den Worten: »Gott segne dich! Bleib nur brav, Gott wird dich schützen. Es ist gerne geschehen«. Daraufhin zog er sich mit seiner Frau nach Prag zurück, wo er wegen seiner Gutmütigkeit und seines Mäzenatentums sehr geschätzt war und bis zu seinem Tod im Jahr 1875 lebte. Der neue Kaiser, der im Krieg von 1848 mit Feldmarschall Radetzky in Italien gekämpft hatte, nannte sich von nun an Franz Joseph I.

Dieser Name stand symbolisch für die Begegnung zwischen dem Konservativismus von Franz I. und der liberalen Haltung Josephs II.

Unter der Führung des unnachgiebigen ersten Ministers Fürst Felix zu Schwarzenberg, dem Einfluss Metternichs sowie der Mutter Sophie, wurde der junge Kaiser in den ersten Jahren zur vollkommenen Wiedereinführung einer absolutistischen Politik gedrängt. Um den zentralistischen Staat wieder erstarken zu lassen, schuf man eine funktionstüchtige Verwaltung und ein gut organisiertes Heer.

Durch harte Repressionsmaßnahmen brachte man die Unabhängigkeitsbewegungen in Italien zum Schweigen und schlug, mit der militärischen Unterstützung Russlands, die Revolution in Ungarn nieder. Wegen einiger unglücklicher außenpolitischer Entscheidungen Franz Josephs, begann sich seit dem Ende der 50er Jahre der Niedergang der Habsburger in Europa abzuzeichnen. Die Niederlage, die Österreich 1859 im zweiten italienischen Unabhängigkeitskrieg gegen das französisch-piemontesische Heer erlitt, führte zum Abbruch der Beziehungen mit Frankreich unter Napoleon III. und zum Verlust der

Kaiser Franz Joseph (links) zu Pferde neben dem Feldmarschall Radetzky.

114

Franz Joseph I. und seine Zeit

Lombardei. Das darauthin gegründete Königreich Italien, das unter savoyischer Herrschaft stand, bedeutete das Ende der österreichischen Hegemonie in Italien. Mit der Niederlage im dritten Unabhängigkeitskrieg (1866), bei dem Italien mit Preußen verbündet war, verlor Österreich Venetien und sah seine Vormachtstellung auf deutschem Boden endgültig zu Gunsten Preußens schwinden.

Die auf diesem Gemälde dargestellte Schlacht von San Martino brachte den Österreichern, zusammen mit der Schlacht von Solferino, 1859 die endgültige Niederlage an der italienischen Front ein.

Die Schlacht von Solferino

»Der blaugraue Nebel zwischen den Fronten lichtete sich ein wenig. [...] Da erschien zwischen dem Leutnant und den Rücken der Soldaten der Kaiser mit zwei Offizieren des Generalstabs. Er wollte gerade einen Feldstecher, den ihm einer der Begleiter reichte, an die Augen führen. Trotta wußte, was das bedeutete: Selbst wenn man annahm, daß der Feind auf dem Rückzug begriffen war, so stand seine Nachhut gewiß gegen die Österreicher gewendet, und wer einen Feldstecher hob, gab ihr zu erkennen, daß er ein Ziel sei, würdig, getroffen zu werden. Und es war der junge Kaiser. Trotta fühlte sein Herz im Halse. Die Angst vor der unausdenkbaren, der grenzenlosen Katastrophe, die ihn selbst, das Regiment, die Armee, den Staat, die ganze Welt vernichten würde, jagte glühende Fröste durch seinen Körper. Seine Knie zitterten. [...] Er griff mit beiden Händen nach den Schultern des Monarchen, um ihn niederzudrücken. Der Leutnant hatte wohl zu stark angefaßt. Der Kaiser fiel sofort um. Die Begleiter stürzten auf den Fallenden. In diesem Augenblick durchbohrte ein Schuß die linke Schulter des Leutnants, jener Schuß eben, der dem Herzen des Kaisers gegolten hatte.«
Joseph Roth, Radetzkymarsch, *Köln, 2005.*

Die Habsburger

Sisi, die ruhelose Möwe

Am 24. April 1854 schloss Erzbischof Kardinal Rauscher in der prächtig geschmückten und beleuchteten Wiener Augustinerkirche die Ehe zwischen Kaiser Franz Josef und dessen fünfzehnjähriger Cousine Elisabeth von Bayern. Das junge, glücklich verliebte Paar wurde unter Pauken und Trompeten in einem langen Zug zur kaiserlichen Residenz, der Wiener Hofburg, begleitet.

Die noch sehr junge Kaiserin hatte einen lebhaften, unruhigen Charakter. Sie war in dem wunderschönen Schloss ihrer Familie, im Kontakt mit der Natur und Tieren aufgewachsen.

Sie ging gern spazieren, unternahm Ausritte und las mit großer Bewunderung und Leidenschaft die Gedichte des deutschen Romantikers Heinrich Heine. Sie selbst brachte in ergreifenden Gedichten ihre Stimmungen, Gefühle, Pläne und Hoffnungen zum Ausdruck. Der Konflikt mit der erdrückenden Realität des Hoflebens war für sie ebenso unvorhersehbar wie unvermeidlich.

Sisi als Dichterin

Eine Möwe bin ich von keinem Land,
Meine Heimat nenn ich keinen Strand,
Mich bindet nicht Ort und nicht Stelle;
Ich fliege von Welle zu Welle.

Elisabeth von Österreich,
Poetisches Tagebuch.

Da ihr das strenge Zeremoniell, das ihr die ehrgeizige Schwiegermutter Erzherzogin Sophie auferlegte, immer unerträglicher wurde und sie kaum Zeit mit ihrem der Mutter hörigen und stets mit Regierungsangelegenheiten beschäftigten Mann verbringen konnte, wurde sie trübsinnig und begann aufzubegehren. Nach und nach distanzierte sie sich immer mehr vom Leben am Hof und von ihrem Gatten.

Die Geburt der drei ersten Kinder, Sophie, Gisela und Rudolf, brachte die beiden Eheleute wieder näher zusammen. Gleichzeitig gab jedoch die Tatsache, dass Sisi von der Pflege und Erziehung der Kinder ausgeschlossen wurde, Anlass zu neuem Unmut, zu Protest und Flucht.

Königin von Ungarn

Nach einem ständigen Wechsel von Konflikten und erneuten Annährungen zwischen den beiden Eheleuten, kam schließlich in der zweiten Hälfte der 60er Jahre der Augenblick, in dem der Kaiser auf die Vermittlung Elisabeths zurückgreifen musste, um zu einer friedlichen Lösung in Ungarn zu finden. Nach der Revolution von 1848, die man mit Hilfe russischer Truppen der Heiligen Allianz gewaltsam niedergeschlagen hatte, wurden, angesichts der unnachgiebigen Haltung des Kaisers,

Franz Joseph I. und seine Zeit

die Forderungen des ungarischen Volks nach Unabhängigkeit und einer Verfassungsreform immer lauter und entschiedener.

Elisabeth, die wegen ihrer Sympathien für liberale Ideen und für das ungarische Volk von den Revolutionsführern geschätzt wurde, schaffte es, deren Einstellung gegenüber Franz Josef zu mildern, so dass dieser 1867 im Gegenzug den bekannten Kompromiss vorschlug. Österreich und Ungarn sollten verschiedene Staaten mit jeweils eigenen, gesetzgebenden Parlamenten werden, jedoch hinsichtlich der Außenpolitik und bei Kriegsfragen in der Figur des gemeinsamen Herrschers geeint bleiben.

Um dieses neue Abkommen zu besiegeln, wurden Franz Josef und Elisabeth am 8. Mai 1867 mit einer feierlichen Zeremonie in Budapest zum ungarischen Königspaar gekrönt. Zu diesem Anlass komponierte Franz Liszt die berühmte *Ungarische Krönungsmesse* für Solisten, Chor und Orchester.

Hans Temple und Albert Ritzberger,
Kaiserin Elisabeth, *1884.*

117

Die Habsburger

Der Erzherzog von Schloss Miramare

Anderthalb Monate nach der feierlichen Krönung des ungarischen Königspaars wurde die damals herrschende, relative Ruhe durch eine erschreckende Nachricht gestört: Am 19. Juni hatten mexikanische Revolutionäre den Bruder Franz Josefs und Kaiser von Mexiko, Ferdinand Maximilian von Österreich, bei Querétaro erschossen. Dieses furchtbare Ereignis bekümmerte Franz Josef und auch Elisabeth zutiefst. Sie mochte ihren Schwager sehr, teilte mit ihm die Leidenschaft für das Meer, für Mittelmeerkreuzfahrten und für dessen prunkvolle Residenz in Triest, das Schloss Miramare. Es war der zweite schwere Trauerfall nach dem Tod der ältesten Tochter Sophie im Jahr 1857, der die Kaiserfamilie erschütterte.

Zu den politischen Schwierigkeiten und Sorgen des ausgehenden Jahrhunderts kamen neue familiäre Krisen und Tragödien hinzu. Elisabeth entfloh immer häufiger dem höfischen Leben und entzog sich ihren Verpflichtungen als Kaiserin, die ihr Mann so gerne erfüllt gesehen hätte. Mit großer Sorgfalt widmete sie sich der Pflege des eigenen Körpers. Sie betrieb viel Sport und hatte sich zu diesem Zweck eigens einen Turnsaal einrichten lassen. Die strengen Diäten, denen sie sich unterzog, trieben sie bis an den Rand der Magersucht.

Schloss Mayerling

1881 heiratete Kronprinz Rudolf die junge Prinzessin Stephanie von Belgien, doch die Ehe, die aus politischen Grün-

Das Schloss Miramare auf einem Photo der 20er Jahre. Es wurde für Ferdinand Maximilian von Österreich erbaut, der es nie vollendet gesehen hat. Manche behaupten, auf dem Schloss laste ein Fluch, und alle berühmten Persönlichkeiten, die sich dort aufhielten, habe ein trauriges Schicksal ereilt.

Franz Joseph I. und seine Zeit

Die Rekonstruktion des Mordes an Elisabeth nach der Vorstellung eines zeitgenössischen Zeichners. Durch eine merkwürdige Wendung des Schicksals wurde die Kaiserin an Stelle des Herzogs von Orléans ermordet, der vorzeitig aus der Schweiz abgereist war.

den vereinbart wurde, erwies sich schon bald als wenig glücklich. Rudolf war eine sehr exzentrische Persönlichkeit. Er bekannte sich offen zu seinen liberalen Ideen und verabscheute, ebenso wie seine Mutter Elisabeth, das Leben am Hof mit seinem kalten Zeremoniell. Rudolf war dem Morphin und dem Alkohol verfallen und unternahm oft lange Reisen, die ihn über die österreichischen Grenzen hinaus führten. Er bewegte sich in den Wiener Universitätskreisen, interessierte sich für Naturwissenschaften und Geschichte. 1888 lernte er die Baronesse Maria von Vetsera kennen, verliebte sich in sie und bat den Papst um die Annullierung seiner Ehe.
Es kam zum offenen Streit mit dem Kaiser, der seinem Sohn eine zügellose Lebensweise vorwarf, ihn aufforderte, die Beziehung zu beenden und zur Familie zurückzukehren. Im Januar 1889 fand man Rudolf und die Baronesse tot im Jagdschloss Mayerling. Sie hatten sich das Leben genommen.
Die Kaiserin kam darüber nicht hinweg. Von diesem Augenblick an war sie noch verschlossener und kühler, nahm ihre ziellosen Reisen wieder auf und trug nur noch Schwarz.
Die niemals geklärten Umstände des zweifachen Suizids gaben in der Folge Anlass zu Gerüchten um geheimnisvolle, der Staatsräson geschuldete Intrigen.

Tod einer Kaiserin
Am Samstag den 10. September ging Elisabeth mit ihrer Zofe am Genfersee spazieren, als sich plötzlich ein Mann näherte und ihr einen Dolch in die Brust stach.
Die Kaiserin fiel zu Boden, man eilte ihr zu Hilfe, aber sie starb kurz darauf. Täter war der Anarchist Luigi Lucheni, der mit Elisabeth ein Symbol der Macht und des Reichtums hatte treffen wollen.

Untergang eines Mythos'

An zwei Fronten

Die letzten drei Jahrzehnte der 68 Jahre dauernden Regierung von Kaiser Franz Josef waren durch eine Außenpolitik gekennzeichnet, bei der Österreich auf internationaler Ebene an zwei verschiedenen Fronten mitmischte. Im Zentrum Europas nahm Österreich, im Verhältnis zu Deutschland, immer eindeutiger eine untergeordnete Position ein.

Seit der Bildung des Dreipakts, eines Defensivbündnisses, dem seit 1882 auch Italien angehörte, bis zur Niederlage von 1918, entsprach die österreichische Außenpolitik gänzlich den Vorgaben Deutschlands.

Auf dem Balkan, wo die österreichische Vormachtstellung ins Wanken geraten war, sah sich Franz Josef mit den Serben, als den Anführern der slawischen Nationalbewegung, und dem Expansionsstreben Russlands konfrontiert.

Ein hart erkämpfter Konstitutionalismus

Bereits während der italienischen Unabhängigkeitskriege und der Revolutionen war Franz Josefs Vertrauen in die neoabsolutistische und zentralistische Politik geschwunden.

Er erkannte nunmehr, dass er den Forderungen der verschiedenen ihm unterstehenden Völker nachgeben und Repräsentationsorgane nach liberalem Vorbild einführen musste, wenn er eine Katastrophe verhindern wollte.

Der mühsame Prozess, mit dem Franz Josef seit dem Ende der 60er Jahre langsam zu einem gemäßigten Konstitutionalismus gelangte, war durch ein beständiges Schwanken zwischen Zentralismus und Föderalismus und durch inkohärente oft widersprüchliche Entscheidungen geprägt, die verdeutlichen, wie sehr der Kaiser seinem eigenen Willen zuwider handelte.

Der Mythos der Überstaatlichkeit

Das zähe Festhalten an konservativen Ideen, das Misstrauen und die Skepsis gegenüber den großen sozialen und kulturellen Veränderungen einer Epoche, die auf die Gründung von Nationalstaaten und die Einführung der Demokratie abzielte, waren für Franz Josef durch die Überzeugung gerechtfertigt, dass die mehrere Völker umspannende Habsburger Monarchie das einzige einheitsstiftende Element jenseits aller Konflikte zwischen den Nationen und einzelnen Parteien sei.

Franz Josef war davon überzeugt, dass er eine für Europa und die Menschheit wesentliche Aufgabe zu erfüllen hatte, nämlich in Mitteleuropa das einzige Bollwerk gegen die Hegemonialbestrebungen Russlands und Deutschlands zu errichten und den kleinen, von die-

Franz Joseph I. und seine Zeit

Das untergegangene Reich Franz Josefs

»Es war nach seiner Verfassung liberal, aber es wurde klerikal regiert. Es wurde klerikal regiert, aber man lebte freisinnig. Vor dem Gesetz waren alle Bürger gleich, aber nicht alle waren eben Bürger. Man hatte ein Parlament, welches so gewaltigen Gebrauch von seiner Freiheit machte, dass man es gewöhnlich geschlossen hielt; aber man hatte auch einen Notstandsparagraphen, mit dessen Hilfe man ohne das Parlament auskam, und jedes Mal, wenn alles sich schon über den Absolutismus freute, ordnete die Krone an, dass nun doch wieder parlamentarisch regiert werden müsse.«
Robert Musil,
Der Mann ohne Eigenschaften.

---

sen beiden Mächten bedrohten Nationen eine Zufluchtstätte zu bieten. Bei dieser Konzeption verschmolzen die alten Vorstellungen von einem göttlichen Auftrag mit den josephinischen Ideen des Dienstes am Staat und des Pflichtbewusstseins.

Hedonismus und Bürokratie

Je weiter es dem Ende entgegen ging, desto stärker wurde der Hang zur Genusssucht, der das Wien zur Zeit von Johann Strauss, mit seinen Walzern und Operetten, kennzeichnete, und um so stärker hielt man gleichzeitig an der bürokratischen Mentalität fest, um den nunmehr befremdlichen habsburgischen Mythos von einer sicher in den alten Werten verankerten Welt aufrechtzuerhalten.

Das Bild des Kaisers, der an Tanzfesten teilnahm, oder »als erster Angestellter des Staates«, wie er sich selbst gerne nannte, über den Schreibtisch gebeugt sein ganzes Leben, seine Leidenschaften und seine Familie dem Wohl des Staates opferte, wurde zum Symbol für eine Welt, die verzweifelt versuchte, sich zu retten, und sich den Veränderungen der Geschichte verschloss.

Reproduktion zweier offizieller Portraits von Franz Josef und seiner Frau Elisabeth auf einer zeitgenössischen Postkarte.

Die Habsburger

Das Ende einer Dynastie

Wilhelm II., Deutscher Kaiser und König von Preußen, wird auf dem Bahnhof von Wien vom Österreichischen Kaiser und König von Ungarn Franz Josef I. empfangen.

Der erste Weltkrieg
Am 28. Juni 1914 wurde der Thronfolger Franz Ferdinand zusammen mit seiner Frau von einem serbischen Nationalisten in Sarajevo erschossen.
Das war der Funken, an dem sich der erste Weltkrieg entzündete. Die österreichische Regierung schob Serbien, das seit längerem eine absolut feindselige Haltung gegenüber Österreich an den Tag legte und dessen Präsenz auf dem Balkan verringern wollte, die unmittelbare Verantwortung für das Attentat zu.
Franz Josef stellte Serbien ein Ultimatum, in dem er die Auflösung aller gegen Österreich gerichteten Organisationen und die Zustimmung zur Entsendung von Inspektoren verlangte, die die Verantwortlichen für das Attentat ausfindig machen sollten. Da Serbien den zweiten Punkt nicht akzeptierte, begann Österreich am 28. Juli mit der Bombardierung der serbischen Hauptstadt Belgrad. Wegen der Vielzahl der in Europa bestehenden Bündnisse wurde dadurch eine Kettenreaktion ausgelöst, die alle großen Mächte in den Konflikt einbezog. Auf serbischer Seite standen Russland, England, Frankreich und Japan.
Deutschland und die Türkei verbündeten sich mit Österreich, während Italien, trotz seiner Zugehörigkeit zum Dreibund, zunächst seine Neutralität erklärte und erst im folgenden Jahr an der Seite der Entente in den Krieg eintrat. Der Oberbefehl über das österreichische Heer wurde dem neuen Thronfolger Karl, einem Großneffen Franz Josefs anvertraut.
In der ersten Phase des Konflikts, der an der Westgrenze Deutschlands und der Ostgrenze Österreichs ausgetragen wurde, verwandelte sich der von den Deutschen als solcher erhoffte Blitzkrieg in einen zermürbenden Grabenkrieg, der durch den beständigen Wechsel von Vormarsch und Rückzug alle beteiligten Heere schwächte.

Franz Joseph I. und seine Zeit

Der letzte Kaiser

Am 20. November 1916 starb Franz Josef im Alter von 86 Jahren, ohne die Auflösung der Österreichisch-Ungarischen Monarchie selbst erleben zu müssen. Zeuge dieses Ereignisses wurde stattdessen sein Großneffe Karl I.

Der neue Herrscher, der sich der schwierigen wirtschaftlichen und militärischen Lage sowie der Tatsache bewusst war, dass er, zur Vermeidung einer Katastrophe, den Konflikt so schnell wie möglich beilegen musste, versuchte gleich zu Beginn seiner Regierungszeit, den Krieg auf diplomatischem Weg zu beenden. Aber alle seine Versuche scheiterten.

Als 1917, nach dem Erfolg der Österreicher in der Schlacht von Karfreit, die österreichischen Truppen durch die italienische Gegenoffensive am Piave erneut zurückgedrängt wurden, wuchsen die Sorge und die Angst Karls I.

1918 führte er persönlich eine erneute Offensive am Piave an, die ihm jedoch eine totale Niederlage einbrachte und, mit der Unterzeichnung des Waffenstillstands von Villa Giusti, zum Verlust von Trient und Triest führte. Der Sieg über Deutschland, die Vertreibung von Kaiser Wilhelm II. durch die Ausrufung der Republik und der Waffenstillstand von Compiègne kennzeichnen das Ende eines für ganz Europa verheerenden Konflikts. Karl I. versuchte angesichts der Aufstände, mit denen die einzelnen Nationen seines Reiches die Unabhängigkeit forderten, den eigenen Thron zu retten, indem er die Umbildung der Monarchie in einen Föderalstaat mit der Selbstverwaltung der einzelnen Staaten vorschlug. Aber es war bereits zu spät.

Am 11. November 1918 zwang man ihn zur Aufgabe seiner Regierung in Österreich. Nach zwei gescheiterten Versuchen, die Herrschaft in Ungarn erneut zu übernehmen, zog er sich ins Exil auf die Insel Madeira zurück, wo er 1922 starb. Mit ihm ging die Geschichte der Habsburger Dynastie endgültig zu Ende.

Österreichischer Schützengraben an der Ostfront. Auch wenn sie noch so gut befestigt waren, konnten die Schützengräben den Angriffen der Artillerie nicht standhalten. Von dem abgebildeten Schützengraben ist, bis auf den Schutzwall aus Zement, nichts übrig geblieben.

Namenverzeichnis

A
Aachen, Hans von 86
Adolf von Nassau 14
Alba, Fernando Álvarez de Toledo 60, 66, 69, 70
Albrecht von Hohenzollern 49
Albrecht I. von Habsburg 14, 15 16
Albrecht II. von Habsburg, der Lahme, gen. 18, 20, 21
Albrecht III. von Habsburg, der mit dem Zopf, gen., *Herzog von Österreich* 26, 27, 28, 29
Albrecht III., *Graf von Habsburg, Graf von Zürich* 10
Albrecht IV. von Habsburg, der Geduldige, gen., *Herzog von Österreich* 29
Albrecht IV., *Graf von Habsburg, Landgraf im Elsass* 10
Albrecht V. von Habsburg 29, 30
Albrecht VII. von Österreich 73
Anna Jagiello 82, 84
Anna von Österreich 59, 61, 78
Arcimboldo, Giuseppe 86, 87
Augustus 19
August III. 100

B
Bayezid I. 29
Beccaria, Cesare 106
Bernini, Gian Lorenzo 67

Bondi, Clemente 108
Bonifatius IX., 29
Borromäus, Karl 99
Bosch, Hieronymus 65
Bourbonen 75, 101
Brahe, Tycho 86
Bruno, Giordano 86
Buondelmonti, Cristoforo 29

C
Calderón de la Barca, Pedro 66
Calvin, Johannes 71
Carlos, Don 61, 63
Carrara, Da 26
Casti, Giambattista 108
Cervantes Saavedra, Miguel de 77
Cetina, Gutierre de 43
Christian IV. 90
Christina von Schweden 92
Clemens V. 15
Clemens VII. 21, 46
Coello, Alonso Sánchez 75
Cranach, Lukas d.Ä. 48, 81

D
Dante Alighieri 14
Dee, John 86
Doria, Andrea 46
Doria, Giovanni Andrea 74
Drake, Francis 72, 73
Dürer, Albrecht 38, 39, 83
Dyck, Anton von 76

E
Eduard VI. 61
Eleonore von Österreich 40, 56

El Greco, Dominikos Theotokópulos, gen. 57, 61, 64
Elisabeth, *Zarin des Russischen Reiches* 100
Elisabeth I., *Königin von England* 72
Elisabeth von Österreich, gen. »Sisi« 116–119, 121
Erasmus von Rotterdam 42, 43, 54, 62, 83
Ernst der Eiserne 32

F
Farnese, Alessandro 70, 72
Farnese, Elisabetta 96, 98
Farnese, Ottavio 47, 70
Ferdinand Maximilian von Österreich 118
Ferdinand I., *Kaiser* 40, 54, 56–59, 80–84, 86
Ferdinand I., *Kaiser von Österreich* 112–114
Ferdinand I., *Kaiser, König von Böhmen und Ungarn* 88–90, 92, 94
Ferdinand II. von Aragonien, der Katholische, gen. 37, 56, 67
Ferdinand II. von Tirol 83
Ferdinand III., *Kaiser* 94
Ferdinand III. von Habsburg-Lothringen 108
Fischer von Erlach, Johann Bernhard 95, 97, 99
Franz I. 41, 46, 53
Franz I. Stephan von Lothringen 99–101, 104–108
Franz II. 75

124

Namenverzeichnis

Franz II. von Habsburg-
 Lothringen 13, 110–114
Franz Ferdinand von
 Österreich-Este 97, 122
Franz Josef I. 8, 95, 105,
 114–123
Franz Karl von Österreich
 113, 114
Friedrich I. Barbarossa 22
Friedrich II., Friedrich der
 Große, gen. 100, 101
Friedrich II. von Staufen
 10–12
Friedrich III. 23, 27, 30–35
Friedrich IV., der mit den
 leeren Taschen, gen. 32
Friedrich V. 89, 90
Friedrich der Schöne 15–18
Frobisher, Martin 73
Fugger 41

G
Gessler 15
Gisela 116
Gómez des Sandoval y
 Rojas, Francisco 78
Góngora, Luis de 78
Guisa 75
Gulick, Edward Vose 113
Guntram 8
Gustav II. Adolf 92
Guzmàn, Gaspar de 78

H
Haase, Carl 8
Hadrian VI. (Adriaan
 Florisz Boeyens von
 Utrecht) 42, 43
Hawkins, John 73
Heine, Heinrich 116
Heinrich II. 51, 60, 61
Heinrich II. Jasomirgott 24
Heinrich III. 75
Heinrich IV. von Navarra 75

Heinrich von Kärnten 20
Hildebrandt, Lukas von 97
Holbein, Hans d.J. 42
Howard, Charles 73
Hunyadi, Johann 30, 31
Hus, Jan 33

I
Isabella 40
Isabella Clara Eugenia von
 Spanien 61, 73, 75
Isabella von Bourbon-Parma
 104
Isabella I. von Kastilien
 37, 56, 67

J
Jakob I. 78, 89
Johanna von Kastilien, die
 Wahnsinnige, gen. 37, 40,
 54, 56
Johann von Schwaben,
 Parricida, gen. 15
Johannes Paul II. 43
Johann Ohnefurcht 35
Johann III. Sobieski 95, 96
Joseph I. von Habsburg
 94, 97, 98
Joseph II. von Habsburg-
 Lothringen 102, 104–106,
 108, 109, 114
Juan de Austria, Don 70, 74
Julius II. 37

K
Karl der Kühne 35
Karl der Große 8, 13, 17,
 19, 48
Karl I. von Habsburg
 122, 123
Karl II., *König von Spanien*
 79, 96
Karl II. von Innerösterreich
 83

Karl III. von Spanien 98
Karl IV. von Luxemburg
 21, 22, 23
Karl V. von Habsburg
 40–59, 61, 64, 69, 80, 83,
 84, 89
Karl VI. von Habsburg
 94, 95, 97–100, 103, 108
Karl VII. (Karl Albrecht
 von Bayern) 100
Karl VII., *König von
 Frankreich* 30, 35
Katharina Michaela von
 Spanien, *Tochter von
 Philipp II.* 61
Katharina, *Tochter von
 Karl IV. von Luxemburg* 21
Katharina, *Tochter von
 Philipp I. und Johanna
 von Kastilien* 40
Kepler, Johannes 86
Khair ad-Din, Barbarossa,
 gen. 52
Kolowrat-Liebsteinsky,
 Franz Anton Graf von 113
Kolumbus, Christoph 37
Krafft, Johann Peter 110

L
Ladislaus V. Postumus
 30, 31
Lanzelin, Graf von
 Altenburg 8
Leo X. 46, 48
Leoni, Leone 64
Leopold I. 16
Leopold I. 94, 95, 97
Leopold II. von Habsburg-
 Lothringen 105–110
Leopold III. 25–28, 32
Liszt, Franz 117
Loo, Louis Michel van 96
Lucheni, Luigi 119
Ludwig II. 52, 82

125

Ludwig IV. der Bayer 16–18, 20
Ludwig XIII. 92
Ludwig XIV., Sonnenkönig, gen. 79, 92, 95, 96
Ludwig XV. 100
Ludwig XVI. 34, 110
Luther, Martin 44, 48–50

M
Mainhard 21
Marc Aurel 19
Margarete von Österreich, *Statthalterin der Niederlande und Burgunds* 40–42, 56
Margarete von Österreich, *Ehefrau von Philipp III.* 78
Margarete von Parma 47, 68–70
Margarete von Tirol, Margarete Maultasch, gen. 20, 21
Maria Anna von Österreich 79
Maria Stuart 72
Maria Theresia von Österreich 7, 94, 95, 98–106, 108
Maria Theresia von Spanien 79
Maria von Burgund 34, 35, 40
Maria von Österreich, Tochter von Philipp I. 40, 56
Maria von Portugal 61, 63
Maria von Spanien 59, 84
Maria I. Tudor, die Blutige, gen. 54, 61
Marie Antoinette von Habsburg-Lothringen 34, 109

Marie Christine von Österreich 108
Marie Luise von Österreich 111
Matejko, Jan 95
Matthias Corvinus 31, 34, 37
Matthias von Habsburg 87–89
Maximilian I. von Bayern 90
Maximilian I. von Habsburg 24, 32–41, 52, 53, 80, 81
Maximilian II. von Habsburg 57–59, 61, 83–85, 108
Mazarin, Jules 92
Medici 46
Medici, Alessandro de' 47
Medici, Lorenzo de', der Prächtige, gen. 47
Mehmed II. 31
Mehmed IV. 95
Metastasio, Pietro 108
Metternich, Klemens Wenzel Fürst von 111–115
Mor, Anthonis 69
Mozart, Wolfgang Amadeus 95, 108, 109
Müntzer, Thomas 50
Murad I. 29
Musil, Robert 6, 121
Mytens, Martin van d.J. 101

N
Napoleon I. Bonaparte 95, 111, 112
Napoleon III. Bonaparte 114

O
Orley, Bernhard von 41
Otto I. 8
Otto II. 10
Ottokar II. Pñemysl 12, 13

P
Paul III. 47, 67
Paul IV. 60
Paracelsus 85
Pasqualigo 56
Pestalozzi, Johann Heinrich 106
Petrarca, Francesco 23
Pforr, Franz 12
Philipp I, der Schöne, gen. 37, 40, 56
Philipp II., el Prudente, gen. 54, 57–70, 72–78, 84, 86
Philipp III., der Gute, gen. 35
Philipp III. 61, 78, 88
Philipp IV. 78, 79
Philipp V. von Anjou 79, 96, 98, 100
Pius II. 31
Pius V. 74
Podiebrad, Georg von 30, 31, 33

R
Radbod 8, 10
Radetzky, Josef Wenzel Graf 114, 115
Rauscher, Joseph Othmar von 116
Requesens y Zúñiga, Luis de 70
Ricci, Francisco 68
Richelieu 79, 92
Ritzberger, Albrecht 117
Rossini, Goachino 15
Roth, Joseph 6, 115
Rudolph I. 10–14
Rudolph II. der Ältere, *Graf von Habsburg, Landgraf im Elsass* 10, 11
Rudolph II., *Kaiser* 86–88
Rudolph III., *Stammvater der Laufenburger Linie der Habsburger* 10

Namenverzeichnis

Rudolph III. von Habsburg, *Herzog von Österreich, König von Böhmen* 14, 15
Rudolph IV., der Stifter, gen. 21, 22, 24–26, 35
Rudolph von Österreich-Ungarn 116, 119

S
Salieri, Antonio 109
Savoyen, Emanuel Philibert von 60, 61
Savoyen, Eugen von 96, 97
Savoyen, Karl Albrecht von 113
Schiller, Friedrich 15, 63
Schnitzler, Arthur 6
Schwarzenberg, Felix Fürst zu 114
Scorel, Jan van 85
Sforza, Bianca Maria 37
Sforza, Francesco II. 46
Sforza, Ludovico 37, 46
Sigismund von Luxemburg 29
Sigmund von Österreich 37
Sisi, s. Elisabeth von Österreich
Slatkonia, Georg von 39
Sophie Friederike von Österreich 116, 118
Sophie Friederike von Bayern 114, 116
Staufe 11
Stephanie von Belgien 119
Strauss, Johann 95, 121
Süleyman I., der Prächtige, gen. 52, 82

T
Tell, Wilhelm 14, 15
Temple, Hans 117
Theresa von Avila 66
Thurn, Heinrich Matthias Graf von 88
Tizian, Tiziano Vecellio, gen. 45, 51, 54, 55, 60, 64, 73
Tilly, Johann Tserclaes Graf von 90

U
Ulrich II. von Cilli 30

V
Valois, Elisabeth von 61, 75
Vasari, Giorgio 47
Veen, Otto van 70
Vega, Garcilaso de la 42
Velásquez, Diego 79
Verdi, Giuseppe 63
Vetsera, Maria von 119
Viktor Emanuel II. 113
Vincentino, Andrea 74
Visconti, Bernabò 25
Visconti, Gian Galeazzo 29
Visconti, Viridis 25, 28
Volta, Alessandro 107

W
Waitz, Georg 23
Wallenstein, Albrecht von 90, 93
Wenzel III. 14
Wenzel IV. 29
Werner 8
Werner II. 10
Werner III. 10
Wilhelm, *Sohn von Leopold III.* 29
Wilhelm I. von Oranien, Schweiger, gen. 70, 71
Wilhelm II., *Deutscher Kaiser* 122, 123

Z
Zápolya, Johann 82
Zeno, Apostolo 108
Zuccari, Taddeo 47

127

Auf den Spuren von
Kaiserin Elisabeth
mit nur einem Ticket

- **Schloß Schönbrunn**
- **Hofmobiliendepot**
- **Hofburg**
  (Kaiserappartements, Sisi Museum und Silberkammer)

Sisi Ticket

www.schoenbrunn.at · www.hofmobiliendepot.at · www.hofburg-wien.at